時間看得見

手帳天后「從這裡抵達夢想」的8條人生路徑

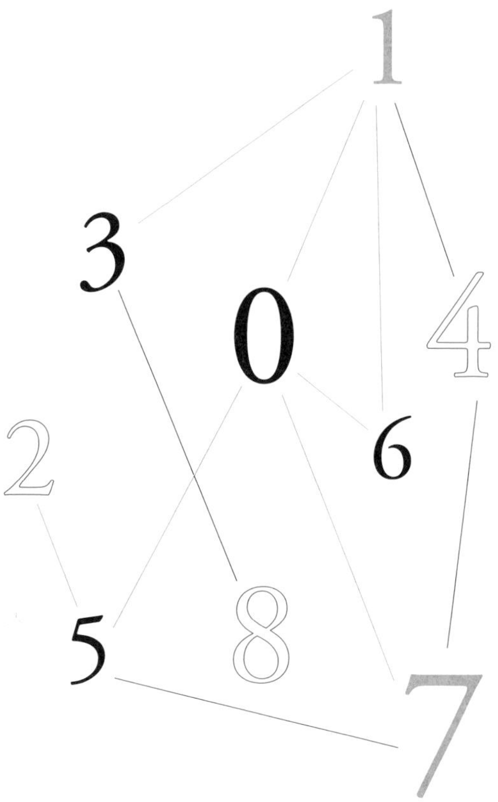

王瀟 著

目次

08

路徑8

愛與成長，至死方休

願你我如脫韁野馬，永不回頭。

前言

信所未見之事

對於這本書，我賦予它一個重要使命——它要成為一本人生結構之書。

一年前，中信出版社向我約稿，說市面上流行的「手帳」書大多是日本人所寫，希望能有一本採擷我們的文化底蘊和生活方式，引導手帳愛好者的工具書面世。我欣然應允，作為「手帳天后」，自覺寫這本書非我莫屬，當仁不讓。

結果一寫就是一年。

我當然熟悉手帳，手帳是我的「幼功」（指戲曲演員、雜技演員等童年時練成的功夫）。我熟悉手帳的皮革、紙張和工藝，就像廚師熟悉食材。打眼一看，拇指和食指一撚，我就能判斷用紙的類別、克數、質感，呈現什麼色澤，散發什麼氣息。不過這些只是皮相，我更熟悉功能性手帳。我熟悉功能性手帳應該像建築師熟悉建築，透過打量橫線和點陣揣摩空間的意圖，在交叉劃分的頁面裡，讓使用者在上面行走。

但我實在無法僅僅透過描述橫線和點陣的用法，去說清一個手帳到底如何實現功能，這就像強行將一袋水泥和一棟建築對等，脫離設計圖紙，一切無從談起。因為，每一立方釐米水泥的擺放都是建築立意的投射，正如你的每一分鐘都是你選擇目標的結果。當你有了目標時，你的手帳才有了功能。

無論我們如何爭辯人生是否應該被規劃，時間是否可以被管理，每個人畢竟都擁有若干「水泥」，而當時間流逝時，無論「水泥」被精心使用還是隨意堆放，最終總有呈現的時候。雖然你說你從來沒打算成為棟樑，一心想成為庭院，但庭院也是一種呈現，這種呈現最好不辜負每塊材料，如此才會像模像樣，求仁得仁。

我猜我應該寫的，一定不能是一本《水泥使用手冊》，因為手帳能構建大事，能讓使用者十年磨一劍，所以別把它用小了。手帳代表你內心深處日復一日、矢志不渝的那個東西，它來告訴你每一天都是算數的，再一本本幫你鋪陳去往遠方的臺階。有了它，你完全可以相信你的每一天並不是在造一塊磚，也不是在砌一面牆，而是像安藤忠雄本人那樣在建一座教堂。

關於手帳的真諦就是：手帳，它屬水，水滴石穿；它也屬木，十年樹木。但它只是個工具，脫離使用者穿透時間的野心，橫線和點陣只配給出細碎的方法論。

我應該寫的是《建築的完成》，我們要成為建築師，而不是砌牆工，要研究成為建築師的龐雜準備工作，要研究每個小時和每一天如何度過。在漫長的時間裡，要一直為了那個圖景提著一口真氣，從無到有，一磚一石地堆積。

願我們都成為建築師，醉心於構建自己的人生結構，研究其基礎的支撐、思考用什麼材料、如何裝飾空間和庭院，期待在上面行走、停留和邂逅，感受光與風。到那時，建築才算完成。

在隆冬，我終於知道，

我身上有一個不可戰勝的夏天。

——卡繆（Albert Camus）——

01

•

路徑 1

找到當下的你

•

一想到我的生命消逝得那麼迅速，而我並不是真正地活著，我就受不了。

——海明威（Ernest Miller Hemingway）

去年過生日那天，我突然想到一件事：像每年的生日一樣，我們每年也同樣會有一個忌日，這個日子如同生日，是個非常確定的日期，存在於每年的某一天，只是在那天來臨之前，我們對它一無所知。

我被自己的想法嚇了一跳。

忌日會不會就在今天呢？比如現在，天空晴朗，街上車來車往，老人牽著狗走過，我在黃昏喝了今年春天的第一杯冰鎮啤酒，對多少年後我會在同樣一個春天裡告別世界渾然不知。

那一天也許也是天空晴朗，街上車來車往，老人牽著狗走過，一個人在黃昏喝了她春天的第一杯冰鎮啤酒，透過玻璃窗望著這世界，胡思亂想。但那個人已經不是我，她正在看的這個世界已經沒有我了。

想到這裡，我簡直無法再繼續想下去，只感到巨大的寂寞。

想到這裡，卻也覺得我需要好好地想下去。是的，每年都有一個忌日，無論我多不願意承認人生有起止。

人們早已習慣把生日當作一個重要的計量節點去回顧、許願，當作一些事的終止和一些事的開始。但所有人的人生都有兩個刻度，尤其在成人的生命裡，後面那個截止日會越來越重要。它負責給我們每個人發一張時間表，謎一樣的時間表。

然後一切的一切，就都在這張時間表裡。無論你打算怎麼度過今生，讓它絢爛或者平淡，愛一個人或者愛十個人，成為戰士或者田園詩人，都得在這張表裡完成，你可以展開無窮無盡的想像，但截止日是你最大的限制。

這本書裡將討論的一切，是關於我們如何才能把這張抽象的巨大時間表緩緩展開在我們的面前，找到當下這一格，並探知未來的每一格，看隨著刻度的延伸，我們的命運會被時間帶去哪裡。在生日許下的願望裡，我們都想要好的命運，而唯有這張時間表會提醒我們忌日的存在，在那一天到來之前，我們的渴望和行動都還算數，我們還擁有兌現命運所剩時間的機會。這張大大的時間表就是我們的命運地圖。

而這世間所有的時間、進度和目標管理方法的存在，一切手帳和清單的初心，都來自我們對有限人生裡完成目標和抵達目的地的渴望，或者說是我們對有限人生裡的那些未能完成和求而不得的恐懼。

在這本書裡，我們把這張巨大抽象的時間表一格一格繪製出來，看它在每一個人生場景中會呈現怎樣的面貌，看我們如何在一格一格的完成行進之中找到依據和規律，最終連接成我們想要的命運。由於這是一本工具書，所以我希望每一個讀者能夠充分地使用它。請允許我從現在起，把大部分人稱代名詞換成「我」和「你」。

「我」就是我本人，這本書的作者，書中大量表單工具（解決方案）的設計者、實踐者和講解者，「你」就是正在讀這本書的你，我們見過面或者沒見過，但在這本書裡，我們是並排站在巨大時間表前面的兩個小人兒。

我會展開我的時間表，以它為例，儘量耐心講解我在二十多年間如何一格一格地精細拆分、如何研究推進、如何解決問題，就像展開我的命運一樣。你也要展開你的時間表，但我們的出發狀態和時間截止日應該不太一樣或者差別很大，所以你將看到的所有解決方案都只是參考，你可以按照自己的需求調整改變。重要的不是表格，是如何設計表格，是設計後如何執行，是思考問題的方法。

讀完這本書後，希望你能沉浸在自己專屬的時間表和解決方案裡，展開屬於你的命運。

四個永存的問題

在第一章，我們需要完成第一步——找到當下我們所在的位置。當下所在的這一點是今天的起始點，為了找到它，你得問自己這四個問題：

- **你是誰？**
- **你要去哪兒？**
- **你要怎麼去？**
- **你將以多快的速度到達？**

以上是時間表內永存的四個問題，你將要終生面對和回答它們。無論處於時間表上的何時、何地，無論處於何種階段和角度，你都應該可以隨時做出回答；即使你暫時無法回答，也最好正在努力思考著，你每天做的事最好都是為了探索這些問題的答案。

如果不討論以上四個問題，就沒有使用任何思考工具的必要，一切手帳和清單都會形同廢紙。

或許你探索了很久卻還沒有找到答案，或者找到之後仍在反覆修改，但是如果你從未想過這四個問題，或者你的既有答案不是由你自己，而是由他人所給，那麼你的生活一定會面臨麻煩，而且麻煩還會持續出現。你就像是站在交叉路口或者幫毛線團整理線頭，一步錯，往下走就步步錯，或者是始終找不到線頭兒，更加談不上找到起點和終點。

因此，我們必須想辦法儘快給出答案。麻煩必須儘快解決。給不出答案的原因有兩種，分別是：

- 你沒想過或不知道想要成為怎樣的人。
- 你被迫選擇或被指定成為某種人。

作為人，如果還處在這樣的階段，可以說是處在人生的初級階段。這個階段說得浪漫些，按照童話和電影裡所呈現的，就是醜小鴨還沒發現自己是天鵝，孫悟空還沒踏上取經之路，各種大英雄還不知道自己就是「The One」（那個人），還沒到欣然接受使命的階段。

這個階段說得刻薄些，就是這時的人還只是一個會呼吸的生物，一堆肉泥，有一團混亂的情緒，還沒發現此行的意義。也就是說，這個人還沒有志向，沒有信念，基本上就等同於沒有靈魂。這就是一件有點悲傷的事了。

如果你是以上描述的兩種人其一，你甚至會對這本書產生反感，覺得這是一本勵志書，而勵志書通常對你沒用。你之前試過裡面開具的相似藥方，它們並沒有對你發揮作用，你覺得勵志很無聊，並且都是騙人的。

我覺得還是需要說明，我所謂的志向涵蓋範圍很廣，並不專指那些宏大、壯美的目標，甚至不是財富和成就這些東西。你可以把任何事物定為你的志向，任何喚起你激動、渴望和持久嚮往的東西，這裡面必然包含著迷和愛這些私人化的體驗，這些體驗還能轉換成持久的行為，否則就不能算數。

總之，不管是什麼，你得先有個志向。如果還沒有，找到這個志向。

如果你還是覺得這是一本勵志書，你也許會聲稱對「雞血」和「雞湯」都免疫。勵志是對志向的激勵，你如果連志向都沒有，當然任何書和任何人都無法真正激勵你。之前看書時，書裡有聲音喊出「奔跑吧少年」，你也曾感到渾身充滿力量，想變成一個新人，想做一番事業，然而一轉頭周圍所有人都衝出去了，你跟著跑了幾步之後卻只能疑惑地停下來。因為你不知道到底應該朝哪兒奔跑，你無處可去。

你說你免疫，那是因為你還沒有志向，不是一個奔跑者。你沒在任何一條賽道上，否則奔跑者為什麼要對加油者免疫呢？換個輕鬆的比喻，你不是一個歌唱者，還沒站上任何一個屬於自己的舞臺，否則歌唱者為什麼要對歡呼者和粉絲免疫呢？你以為宣稱免疫是一件很酷的事，而真相是任何激盪人心的生活已和你無關。我只能說，站在巨大的時間表面前，這樣的人生實在有點茫然和悲傷了。

我再次強調，這是一本工具書，這本書要做的一件重要之事，是先幫助你探索你的志向（如果你還沒有的話）。

可以這麼說，人類所創造的一切東西都是本質先於存在，唯獨人類自己除外。人之所以偉大，除了會創造，還在於能夠賦予事物意義。之所以這些意義讓人有別於動物，是因為意義能夠超越飲食男女。

比如，人類創造了蠟燭，如果蠟燭會說話，它可能會這麼回答時間表中的四個永恆問題：

- 我是一支沒有香味，二十公分長，能持續燃燒一小時的蠟燭。
- 我希望在停電的時候被點燃，照亮一個家庭的客廳。
- 我需要在超市被買走，才能去到那個家庭。
- 我不知道什麼時候才能被買走，因為沒有腿，我只能等待。

在它被創造為蠟燭時，就被規定了本質，它不能選擇。即使它的夢想是做一把剪刀，即使它在燃燒、給別人帶來光芒時並不感到幸福。尤其是它無法改變它的長度，也不能主動走向它的未來。但沒關係，畢竟它感受不到痛苦（你就不一樣了）。

人類和蠟燭完全不同，人類和自己創造的一切物體都不同，人的存在先於本質，人的本質和意義是存在之後被自己找到的。以下是存在主義的主要觀點，說盡了存在的真諦，雖然有點晦澀，但我建議大家反覆閱讀：

1. 存在主義，根據我們對這個名詞的理解，是一種使人生成為可能的學說。
2. 存在主義的無神論者，這些人裡面得包括海德格以及法國的那些存在主義者和我。他們的共同點只是認為存在先於本質——或者不妨說，哲學必須從主觀開始。
3. 我們說存在先於本質的意思指什麼呢？意思就是說首先有人，人碰上自己，在世界上湧現出來——然後才給自己下定義。
4. 人就是人。這不僅說他是自己認為的那樣，而且也是他願意成為的那樣——是他（從無到有）從不存在到存在之後願意成為的那樣。人除了是自己認為的那樣以外，什麼都不是。這就是存在主義的第一原則。
5. 人確實是一個擁有主觀生命的規劃，而不是一種苔蘚或者一種真菌，或者一棵花椰菜。在把自己投向未來之前，什麼都不存在；連理性的天堂裡也沒有他；人只是在企圖成為什麼時才取得存在。
6. 存在主義的第一個後果是使人人明白自己的本來面目，並且把自己存在的責任完全由自己來擔負。

7. 不管人現在看上去是什麼樣子，他總有個未來要形成，總有個童貞的未來在等待他。

8. 至於「絕望」，這個名詞的意思極其簡單。它只是指，我們只能把自己所有的依靠限制在自己意志的範圍之內，或者在我們的行為行得通的許多可能性之內。

9. 是懦夫把自己變成懦夫，是英雄把自己變成英雄；而且這種可能性是永遠存在的，即懦夫可以振作起來，不再成為懦夫，而英雄也可以不再成為英雄。

10. 人生下來可以是異教社會裡的一個奴隸，也可以是一個封建貴族，也可以是一個無產階級。但是永遠不變的是生存在世界上所少不了的，如不得不勞動和死。

摘自《存在主義是一種人道主義》

這些觀點用今天的話來說就是：你定義你，你塑造你，你成為你。至於人生意義，你認為有就有；至於人生真諦，你認為是什麼就是什麼。

按照這些觀點，如果意義和真諦你之前都還沒想清楚，這不能怨你。當你還完全不知道你是誰，將要去哪裡時，你已經被父母生下並在物理上存在了。然後基於我們人類進化和基因的特性，為了打敗持續間歇出現的痛苦和無聊，我們紛紛開始出發探索自己的本質，這就是常說的尋找人生的意義。

對我們普通人而言，這可以簡單理解為：大家都常常經歷痛苦和無聊，但是每個人打敗各自痛苦和無聊的方法都不一樣，十分個性化。這個方法前人有一些示範，周圍有一些引導，親朋好友會幫忙打理，但歸根究柢還是得自己選擇。當然，根據叔本華的研究，在痛苦和無聊之間還有短暫的幸福，那感覺十分純粹。既然生命是由一系列瞬間組成，那麼人生的宗旨應該是盡可能多地擁有幸福的瞬間。人和人區別很大，各自認知的幸福瞬間也就分為多種層次，無論被認為是膚淺還是高尚，人人都在尋找。

繼續用蠟燭舉例。比如，你一開始不知道自己是蠟燭人還是剪刀人，你自我研究了很久，又探索了一番，認定自己就是蠟燭人。蠟燭人會認為燃燒是美好的事，燃燒時的光明會帶來純粹的幸福。你作為蠟燭人，當然會付出極大的代價等那一小時的光明——一生就燃燒一次，一次就燃燒一生。你父母是剪刀人，他們認為剪裁布匹或紙張才是幸福，對你的選擇感到很氣憤、很失望。但你了解自己，你心意已決，你不後悔，因為剪裁布匹或紙張的時候，你不快樂。

以上差不多可以理解為：建築師父母苦口婆心地勸孩子從事建築相關工作，而孩子卻當了警察。

蠟燭是個有點兒高尚的比喻，其實純粹幸福並沒有定義，完全憑個體主觀定義，如何定義都可以。其實，我一直認為，對那些有可能帶來純粹幸福的事物，無論我們稱之為目標還是志向，其實都是人類對欲望的具象化、量化和階段性處理。欲望又按照安全感、溫飽、自我實現等分為不同層次，但對於人生命裡的許多瞬間而言，能讓瞬間構建和附著的事物必須具體。因此，你在人生的開端需要像密室尋寶一樣，找到那些只屬於你的「具體」。

總之，我認為它是那些讓你終於擁有了、見到了、經歷了就淚流滿面，就覺得「這輩子值了，圓滿了」的事情和時刻。這就是你的志向，如果你認為它是，那它就是。你定義你。

比如，如果你認定自己是蠟燭人並開始終生期待那燃燒的光明時，你就從會呼吸的生物變成了人，這一天將非常值得慶祝，因為你擁有了靈魂。

可能你會說我有靈魂，我有認知和感受，我失戀時輾轉反側，我讀詩詞、品紅酒時也能傷春悲秋。這裡我們應該區分，小情緒並不是有了靈魂才具有的能力，靈魂的真正能力是打開一扇門，而你被門後的世界擊中，確認自己是為此而生、為此而活。

找到志向，找到靈魂，就像是找到原力、能量包和宇宙寶石那樣的東西。你一旦找到它們，就可以接受使命，心甘情願地踏上漫漫征途，並能夠長時間忍受求而不得的痛苦。沒辦法，你在意什麼，什麼就折磨你。

你一旦找到它們，就會興奮地頻頻展開時間表，看你又到哪裡了、還能去哪裡，你永遠不會再提「隨遇而安」這個詞，因為對你來說，這世界早已不存在怎樣都可以的境遇，萬千境遇中，你只想要一個境遇：你要去那裡，你就是想去。

你會將此時此刻視為命運，在深夜打開計畫書寫下神聖的目的地。你會渴望變成一個強悍、堅韌、期待冒險、日新月異的人。

現在，可以啟程尋找了，你是未來所有的依託和原點，你只能從這裡——你自己所在的地方出發。

再恢宏的藍圖，也需要你先畫下一個準確的原點，找到你當下所在的位置。

那麼再回到四個問題中的第一個問題：你是誰？

好，從今天開始，認識自己，再找到志向，實踐只屬於你的命運。第一章要解決的問題是你能否透過有效歸納和整理一些日常問題，來完成認識自己的基礎功課。這只是開始，是基礎功課，但很多人連基礎功課都還沒做過。

首先，你需要安靜地獨處，然後思考，拿出一支筆，在後面的表格中寫下來。你還可以為此在電腦中建立一個 word 檔，以便日後對照和更新。

首先，寫下日期，然後，請認真回答和記錄以下問題，回答和記錄的原則是：

第一，坦誠。

第二，確定你寫的是「你現在是誰」，而不是「你想成為誰」。

第三，先寫下第一直覺，再反覆思考，允許自己修改反覆思考的答案，但請保留第一直覺的答案。

接下來的這些問題，將幫助你完成一些關於「我是誰」的基礎整理工作。

一個生日，一個忌日

用一段話描述你的出生：像書寫傳記一樣寫下你出生的由來——比如你家族的遷徙，你的祖先落腳的那個鄉村或城市。寫下你所知道的爸爸和媽媽相遇時的情境，以及促使他們相遇的人生節點。究竟時間長河中的哪些事件是你出生在世間的一個個前提。寫下這些前提。你可能會發現你的出生是微小機率，如此隨機。你也會發現加上了時間、地點的描述，你看上去像時間長河裡的一個主角，這樣的主角你應該讓他（她）有故事發生。

為了認知你出生的可貴，你可以再想像一下若你從未出生的情境。如果世界上從未有過你這個人：你爸媽走在相遇的路上，途中一個人突然改變了主意，導致他們當年沒有相遇；或者修改那一刻精子與卵子的「結合程式」，你爸媽就會生下另外一個人。你是虛無的，你的肉體和意識從未存在於這世間，你之前的悲歡從未發生，就像你死後一樣。

如果說這本書涉及的所有內容都圍繞時間表的話，那麼我們最應該把握的基礎時間表就是一生的長度。

用數字測量你的死亡：首先認識你一生的長度，寫下你猜測的死亡時間——你的忌日。比如我可以猜測我將死於二〇八〇年五月——六十多年後的一個春天。

按照這個假設，再寫下從現在起到衰老時還可以供你充分體驗生活的絕對時間。寫下這個時間，比如二十年。牢記這二十年，這是使用本書的基礎時間。因此，對於每個人來說，這個世界只存在到他死的那一刻。

寫下你對死亡的理解：回憶你參加過的追悼會、你體驗過的最親近的人的過世，寫下你當時最震撼的感受，是遺憾，是解脫，還是戛然而止的錯愕？然後，寫下你對死亡這件事的理解，死亡對你意味著什麼？最重要的是，你此刻認為，你的死亡將對你意味著什麼？你的死亡將對周圍人和這個世界意味著什麼？

以上問題，已經距離「我是誰」這個問題非常接近，不需要在乎這些問題吉利與否，也不應該以為它會在很遠之後才發生。然後你需要思考並寫下，你的生命，你僅僅活過的這一次，唯一有記憶、有體驗的此生，對你來說意味著什麼？[1]

無論意味著快樂，意味著忍受，意味著讓他人幸福，意味著卓越，還是意味著體驗，都請

註 1《凝視死亡》，葛文德著，天下文化出版，2015 年。據說有兩種職業出的作家最多，醫生是其中之一。無論是柯南．道爾、渡邊淳一、契訶夫，還是我們所熟知的魯迅、余華，都有過從醫經歷。醫學和文學同樣關注靈魂和肉體，並且能夠高密度體驗生離死別和喜怒哀樂。本書的作者同樣是一位醫生，深入淺出地討論每個人都躲不過的衰老與死亡，該如何面對一天一天走近的生命終點。建議每十年讀一次。

嘗試歸納出你的定義並在此記錄。這是非常重要的基礎工作。

認識人性的弱點

在認識人性的優點之前，更重要的是先認識人性的弱點。普遍的人性中，那些未來會讓你陷於失望、驚訝、懷疑、仇恨和悲傷的東西，是你未來要應對的絕大部分問題和產生絕大部分情緒的誘因。[2] 而且，連同他人的人性弱點，所引發的讓你失望、驚訝、懷疑、仇恨和悲傷的情緒，也都是人性弱點的一部分。接受人性弱點的存在，然後再去觀察優點，優點會顯而易見且令人心存感激。

你可能在《聖經》的「七原罪」和佛教的「貪嗔癡」中，發現裡面描述的每一種弱點。現在，我們需要做的是整理我們真實生活中存在的弱點。

現在回憶你最憎恨或最厭惡的那一個人或那幾個人，寫下引發你情緒的事件，和情緒背後你認為的他們人性的弱點。

再來判斷有可能最厭惡你的那一個人或那幾個人，然後假設你是他們，判斷他們所認為的你身上的人性弱點。

如果那些弱點是貪婪、恐懼、虛榮，就如實寫下貪婪、恐懼、虛榮。這幾個形容詞非常重要，一定要毫不留情地寫下來，在未來你做重大決定時，可以回頭查看。

這部分儘量整理得坦誠一些，因為正視人性弱點的存在，是改變的開始。在未來的漫長歲月中，我們要做無數的事情去面對和克服它們。[3]

你出生就拿到的那手牌

如果你曾接觸過任何一個自我分析的工具，不限於星座、血型、八字、周易，以及各種人格測評，包括九型人格測試和MBTI（邁爾斯布里格斯性格分類）測試皆可，無論你自己是否覺得這些測試十分科學，都請先寫下你在測試中得到的結論。比如你比較認同你的星座特徵，無論它是不是一種暗示，如果你用過類似星盤或塔羅牌等測試工具，也請寫下當時的判斷，使用這個判斷的依據是它讓你覺得：哇，好準，這就是我。當你覺得「這就是我」的時候，就可以使用這個判斷、寫下各種測評對你的定義。

註2《白板》（簡），史蒂芬．平克著，浙江人民出版社，2016年
作者平克是一個語言學家和認知心理學家。他在書中旁徵博引，從心理、大腦、基因和進化科學的層面論述了人性。如果你想認識你自己，那麼這是一本值得讀三遍的好書。
註3《剃刀邊緣》，毛姆著，麥田出版社，2016年
人性不僅存在於學術理論研究裡，在文學裡也能找到。毛姆被認為是最了解人性的作家之一。在《剃刀邊緣》中，他創造了兩個探究人性深處的文學形象：泯然於享樂物質世界的伊莎貝和不斷追問人生意義的勞瑞。你一定也會在這兩個極端光譜中找到自己的映射。

第一，這是一種自我暗示的依據，可以看出你接受過哪種暗示。

第二，無論你參與過哪些了解自我的測試，這都是在認識自我路上的一些嘗試，這些嘗試都是寶貴的，說明你在對自我感到好奇。

第三，絕大部分天賦都來自遺傳，如果你做過基因測試，可以寫下基因測試中最確切的結果。在這些測試裡，我們需要確認透過遺傳得來的天賦是什麼。這些天賦包括遺傳得來的優勢和劣勢。

什麼是天賦呢？天賦就是，與掌握一項技能或接受一個概念的平均時間相比，你可以透過更短時間的接觸和學習，就能達到平均以上的水準。這種天賦大部分來自遺傳，所以我們需要最先觀察和了解自己的父母。

寫下父母帶給你的先天特質。

比如，從嬰兒開始，人與人的個體特質就顯現出極大的不同。在婦產科醫院的育嬰室裡，同樣環境下饑餓的嬰兒會有完全不同的表現，有的嚎啕大哭，有的低聲抽泣，還有的默默等待。很多年以後，這些嬰兒長大，當他們遇到挫折瀕臨崩潰的時候，你會發現有人是暴躁的，有人是沉默的，甚至有人自殘或傷害他人。

很多神經上的影響往往來自遺傳，人出生時候就註定會有。

天賦的差異尤其顯現在認知和技能方面，包含未來謀生技能的方向與幸福感的來源，無論你的天賦強項是數學還是美術，你應該做的都是順應而不是背離。

之後的教育和價值觀的培養當然會帶給我們更深遠的影響，但基因遺傳密碼是我們認識自我和開始一生的基礎。[4]

你的肉身

你要認識自己作為一個哺乳類動物的存在，了解有機生物體運作的方式。想要有健康地活著的基礎，首先你要懂得生物和醫學的常識。這裡有幾本入門級醫學書籍，你可以對照自己的

註4《天資差異：人格類型的理解》（簡），伊莎貝爾．布里格斯．邁爾斯，重慶出版社，2008年。MBTI是國際比較流行的職業人格評估工具之一，可以對一個人的動力、資訊收集、決策方式、生活方式等進行綜合評判。我的測試結果是ENTJ（外向，直覺，思維，判斷），即元帥型。

《九型人格：自我發現與提升手冊》（簡），大衛．丹尼爾斯、維吉尼亞．普賴斯著，中信出版社，2012。九型人格（enneagram）指的是九種不同的類型或風格，每一種類型都代表一種世界觀和性格原型，使人們對世界、對他人和對自己的看法、感受和行為產生共鳴。同時，你還可以透過測評結論知道他人是如何看待自己的，以及相互間又是如何共處和影響的。

《你何時要吃棉花糖？》，菲利普．金巴多、約翰．波伊德著，心靈工坊出版社，2011。本書幫你了解自己到底是如何看待和處理時間，包括過去、現在和未來。這本書可以告訴你，你的觀念嚴重影響你使用時間的方法，你的行為是基於你對時間的觀念。你其實可以選擇重構過去、詮釋現在和構建未來。

身體狀況閱讀並堅持讀完。5

認識身體是為了更好地使用身體，生活習慣和運動習慣都需要建立在了解的基礎上。對你來說，一天睡幾個小時才足夠？你的生物時鐘適應早起嗎？你是爆發力強還是耐力好？當你鍛鍊的時候，你的肌肉增長得快嗎？還有你的休息方式，你是透過什麼方式快速補充體力的？先天能量存在差異，當你做事時是否能夠持續保持專注？還有風險偏好，比如你是喜歡高風險還是喜歡穩定生活？這些都與你的腦內啡和多巴胺的分泌情況直接相關。

小念頭和大興趣

大部分的人生都是由人的情緒和直覺決定的。你的情緒和直覺也是真正令你高興或悲傷的原因，認識這些原因，你便能夠抽離地觀察自己，這是一個做決策時的重要能力。

如何認識小念頭呢？

先嘗試如實地記錄生活中的一些小快樂和小悲傷。你在什麼情況下會觸景生情？在什麼感召下會靈感乍現？在什麼環境下容易進入專注的心流？這些都是小念頭，也是很多事的入口和開關。

為什麼要記錄小念頭呢？小情緒會引發大決策，小情緒往往是很多事的第一塊多米諾骨牌，帶來的骨牌效應會為我們的人生引發很大的蝴蝶效應。

記錄小念頭需要訓練，當小念頭泛起的時候，無論是驚喜、悲傷，還是靈感乍現，你都得努力要求自己抽離，跳出往常的視角，學習從旁觀察它。當你能觀察小念頭的時候，就可能避免大部分的人生決定完全以情緒為主的情況。單憑情緒做出的決定，都不是在明確方向和廣泛收集資料基礎上理性思考的結果。

除了小念頭，你還要認知大興趣。這些興趣通常是火把和燈塔，能指引我們前進的方向。興趣和天賦是有本質區別的。天賦一定是當你付出平均水準以下的努力時，也能夠得到高於平均水準的結果。在某方面有興趣不代表你在這方面的技能高過平均水準，興趣只代表你接觸、領悟、感受到它的時候會更高興。比如你喜歡古典音樂，有美好的私人體驗，但你無法自己演奏，你的鑑賞和品評能力也不能使你勝任一個行業裡的鑑賞家。

但大興趣不一樣，大興趣會讓人浸入、沉迷、廢寢忘食，是源源不絕的。「不瘋魔，不成活」

註5《基因：人類最親密的歷史》，辛達塔．穆克吉著，時報文化出版，2018。你能想像嗎？中世紀的民間傳說認為眾生之源是一個極小包裹內的縮微小人。眾生之源的觀點在幾百年中不斷被推翻，不斷建立，最終我們識別出去氧核糖核酸的雙螺旋結構，透過檢測了解基因自帶的優勢和劣勢。本書是磅礴的人類奮鬥史，是人類科學之光。

《You—你的身體導覽手冊》，羅意升、歐茲著，天下文化出版，2006。對身體的使用方法，可以直接反映出其生活品質、生活理念和價值觀。健康的身體和明亮發光的面容發出的訊號是：身體是大地，我重視身體，我從不擺盪在無謂的欲望中。當然科學理論日新月異，這本書中有些問題很複雜，仍然存在爭議。

就是大興趣。大興趣就是熱愛，是你願意為下一個幸福時刻的到來奉獻時間和付出努力。已經擁有大興趣是特別幸運的事，如果能完成定位、找到方向、明確意義，你甚至不需要讀本書了。如果你還沒有，那麼找到它。大興趣會決定我們的方向，而天賦和努力會決定我們的高度。6

探知邊界

凡是在你的認知體系裡出現過的，都有局限。思考問題和下判斷時你可以在判斷句後加半句話，例如：我認為××××，但我的認識是有局限的。只有認識到局限，我們才能走得更遠，知道得更多，才會把自己的界限推向遠方，探知邊界，讓有限的人生體驗最大化，這也是本書想要實現的真正意義。

第一部分是了解自己價值觀的局限。你認為最寶貴的事是什麼？無論你認為它是什麼，它都是你的這一生、你存在的這個歷史時期裡、你所能感受到的一切事物中，相對局限的一個選擇。

那麼同樣，別人的價值觀和別人認為最寶貴的事，也是他人的局限。你有你的，他人有他人的。所以無論你知道了什麼，都是存在局限的。無論你還將知道什麼，也還是有局限的。你要認識到人與人的格局和眼界由於各自局限無法連接，共處不必非要達成共識。大家各有各的時間表，在你的表上多做拓寬自己的事，同時少為他人的局限浪費時間。

第二部分是了解自己認知的局限。你需要概括地寫下你認為自己已知的一切，包括你在專業上的深造程度、你掌握的各項技能、你熟悉的文化領域、你對世界各個面向的了解等。羅列此刻你所有的認知，為了突破自我局限做準備。這些是非常具體的、你在巨大時間表的當下格子中的狀態，你的認知起點比你的生長環境和年齡都重要。

在已知的基礎上，你就可以開列你未知且想要知道的一切。未知的一切，包括你接下來想了解的任何一個學科、想探索的國家、想去的旅行，也包括嘗試戀愛、結婚和生子。這都是你未來想去體驗的一切。這一部分，將在本書第二章裡有更多討論，協助你開列更具體的清單。

我們要透過整理記錄和開列清單告訴自己，此生有限，即使你想要去未來，把你的邊界與知識的儲備推向遠方，在時間表上看，無論你做出何種努力，結果都是有局限的。因此，在唯一的、短暫的生命中，做什麼、不做什麼、能做什麼，就顯得異常重要。既然如此，我們志向裡每一步的目標，都最好能夠又科學又順利地實現，那我們就永遠需要擁有清晰有效的解決方案。

註6《別鬧了，費曼先生》，理查．費曼著，天下文化出版，2018

我推薦你多看一些科學家的自傳，比如我們生物課上學過的、做豌豆雜交實驗的孟德爾，又比如物理學家費曼先生。在他們的眼中，除了大興趣，其他都是蒼白的甚至完全透明、不存在的。他們身上有種專注的情感，是我學習的榜樣。

以下是我個人價值觀的重要根本，同時也是我的局限：

- 珍視自己有限的一生，期待它的豐富和飽滿
- 始終堅持由自己定義和勾勒自己的理想模樣
- 不停地向內探尋自己的真正喜悅
- 不停地向外探索自己的能力邊界
- 不放棄塑造成為期待中的自己
- 堅持透過閱讀、觀察和思考自我輸入
- 堅持透過書寫、總結和反覆思考確認，鞏固成長
- 相信更好的自己與自律息息相關
- 相信自律和核心一定體現在身體管理和時間管理上
- 相信階段性的進步要依靠設定目標和完成目標來達成
- 堅持透過知識、經驗和教訓來調整自己的目標
- 相信目標的達成由想像力、執行力、條件積累和決策力共同建構
- 明白自己的人生命運歸根究柢要靠自己掌握
- 明白在做出選擇之後，要對自己生命的一切負全責並承擔全部義務

看待關係

關係是我們作為人永遠無法擺脫的，包括我與自己的關係、我與他人的關係、我與事物乃至自然的關係。每一個人，不管其是否意識到，都在同時面臨著這三大關係，它們互相交織，在不同場合有所側重。

本書所要討論的解決方案，兼具著「我與他人的關係」和「我與自己的關係」，但既然是自己的人生時間表，那麼使用本書的一個先決原則就是「人要過為自己而活的人生」。為別人而活的人生，未必就是為他人奉獻，也包括對他人目光的畏懼、期盼，以及故意反其道而行。

「我與自己的關係」是所有心理學和哲學範疇裡討論最深遠的、最難以描述的問題，但是我們可以用一些相對簡潔的方法盡可能地描述它。

在這裡寫下第一個問題：請描述你和自己的關係。

你可以用一些通俗的詞彙，比如說：你是自戀的，你是嫌棄自己的，你是對自己某方面不滿的，你是對自己充滿期待的，你是對大多數時候的自己滿意的，你是對情緒好時的自己滿意的，你是對能夠理性控制自我時的自己滿意的，甚至你對自己是感到失望的或者絕望的。

第二個問題：描述你和你最親密的人的關係。可以一一列舉，也可以挑選你認為最重要的，對你影響最深遠的人。這個人和你的關係非常重要，你寫下的時候，你會知道這個人對你的評價、對你成長的影響，他（她）在你們的關係裡對你的期望。如果他（她）是你的父母，那就像我們常說的原生家庭一樣，其影響會非常深遠。基本上，一個人的人生過程，就是你和你身邊最重要的幾個人相處的過程。這個過程裡的關係，你認識得越透徹，應對得越科學，處理得越得當，人生的快樂相對越多。[7]

第三個問題：請描述你與你最感興趣的事、最想達成的事、最喜歡的事的關係。這對應了本章內容「認識你的大興趣」。很難說你與事的關係和你與人的關係哪一種更重要。如果把「搞人，做事」和「搞事，做人」相比較的話，我認為在中國社會的大環境下，在工作中堅持搞事並把事搞出結果、拿成績說話更讓人踏實一些，正所謂「武藝傍身，行走江湖」。

本書接下來的幾章會主要討論「我與事」的關係。你會發現，在所有對問題的認知和對方案的執行過程中，「我與事」的關係最後都會幻化成「我與自己」的關係。自己是那一個面對事的自己，帶著局限與弱點，可能表現為自信的、勝任的、手足無措的、遺憾的自己。與此同時，自己又是在與事的交鋒中逐漸形成的，人是透過事反過來塑造和定義自己的。不怕事，多經歷事，多應對事，因為時間表的一格格、人間遊戲的諸多任務，都是由一件件事組成的。[8]

在描述「我與事」關係的時候，你會發現，完成時你與事的關係最簡單，基本上會像凱撒的那句話：我來，我見，我征服。但凡有你沒有達到和征服的事，你與它之間，就是仰望和追求的關係。因此我想特別強調，本書要介紹的工具，與其說是成功學的各種實現工具，不如說是讓人持續獲得滿足感的工具。我們的人生不該是叔本華的鐘擺理論——達不成就痛苦，達成就會幸福一瞬間，然後陷入平庸。我們的人生應該是安靜下來，全身心地去做一件你渴望的事情。不必等到明天，不必等到下一刻。如果你想要日常的快樂，快樂就在那些當下細微行動的每個達成裡。

不斷追問和不斷定義

以上每個問題都需要不斷追問和不斷定義，並會貫穿整個時間表。對於認識自己這件事

註7《愛的進化論》，艾倫・狄波頓著，先覺出版，2016

作者以上帝視角，用文學手法記錄了一段親密感情的完整發展過程：從飛機上的偶遇開始，到人臉、性與愛、求婚、進入婚姻圍城後的一地雞毛。每個人都能從不同階段中找到自己。

註8《東西方文化及其哲學》（簡），梁漱溟著，上海人民出版社，2006

梁漱溟提出了三種不同的意欲方向。第一種以西方為代表，反映了作為動物的人的基本問題，說明人對食物、住所、繁衍的需要。第二種是趨向於自己與環境協調，在意欲本身的要求和環境之間求得一個平衡。第三種是意欲回到自身去尋找自我的否定。梁漱溟認為，人類對這三種問題的解決是次第進行的。在人類生存的原始階段，人們企圖透過改變環境以滿足人類有機體的基本需求。在滿足基本需求以後，人們開始意識到要獲得情感豐富、令人滿意的生活這個問題，即在真正享受已獲得的物質財富的同時，去發現生活本身的樂趣，在獲得內心的滿足和外部的財富之後，他們就面臨著真正永恆的問題：塵世的暫時性和死亡的必然性。

情，我們從始至終都在路上。

> 這意味著迷茫和自我懷疑是一種常態，我們終其一生都在用不確定的自己去擁抱不確定的他人和世界，而在截止日來臨之前，我們連未來還有多少時間都是不確定的。孤獨和迷惘的人類，千百年來都是在不確定中尋找確定，包括你和我。

我可以肯定的是，隨著時間的推進，舊的迷茫和自我懷疑的痛苦會減輕，但新的痛苦又會襲來。這些體驗會循環往復，沒有一個萬般皆好、完全通透的狀態。

所以，要不停地告訴自己，我正在路上，我正在認識自己，如果多認識一分，在這條道路上，自己的人生就多了一分依據。無論快樂還是痛苦，這條路都有終點，終點就是時間表結束之時——死亡。[9]

蘇格拉底說：「認識你自己。」

這一章的內容，無論是針對整本書還是整個人生來說，都必須經歷、無法踰越、沒有捷徑可走。即使你已經糊里糊塗地有了現在的狀態，即使你覺得現狀還不錯，你總會重新回到這一章所涉及的問題中來。

以上這些問題，即使無法言說，也要嘗試；即使思考無益於當下的生存，也應該思考。世上不存在一個系統學科是讓我們充分認識和發現自我的，但有很多相互交叉的學科，比如哲學、心理學、社會學。從任何一個學科切入來認識自己，都是一個漫長的系統工程。但我們需要的是現在馬上應用，改變我們和我們的生活。

寫好以上這些，大致就介紹完了使用這本書所要做的第一部分基礎工作。

註9 《沉思錄》，馬可・奧理略，笛藤出版社，2018

《沉思錄》的英文名是「To Himself」，是馬可・奧理略寫給自己的日記，用今天的話說就是每日復盤。本書為清單式的內容，篇幅不長，可讀性高。馬可・奧理略留是斯多葛學派的代表人物。斯多葛（Stoics）是古希臘的一個哲學學派，主張符合自然，控制能控制的部分，接受命運中不可控制的部分。黑格爾評價斯多葛學派的出現是「人類精神歷史上第一次意識的自由」。

認識出生和死亡

○用一段話描述你的出生：

○寫下你猜測的死亡時間：

○寫下從現在起到變老還可以供你充分體驗生活的絕對時間：

○回憶你參加過的追悼會，你當時最震撼的感受：

○死亡對你而言意味著什麼？你的死亡對周圍的人和這個世界意味著什麼？

○你的生命，你將僅僅活過的這一次，對你來說意味著什麼？

認識人性的弱點

○回憶你最憎恨或厭惡的那一個人或幾個人：

○寫下引發你情緒變化的事件：

○情緒背後你認為的他們人性的弱點：

○有可能最厭惡你的那一個人或那幾個人是誰：

○假設你是他們，判斷他們所認為的你身上的人性的弱點：

認識天賦

○寫下你母親的天賦：

○寫下你父親的天賦：

○寫下父母帶給你的先天特質：

認識身體

○你一天睡幾個小時才足夠？

○ 你的生物時鐘適合早起嗎？

○ 你是爆發力強還是耐力好？

○ 當你鍛鍊的時候，你的肌肉增長得快嗎？

○ 你透過什麼方式快速「充電」？

○ 你的專注力能持續保持幾小時？

○ 你的專注力能持續保持幾小時？

認識自己的小念頭和大興趣

〇你最近一次觸景生情是因為什麼？

〇在什麼事的感召下你會靈光乍現？

〇在什麼環境下你容易進入專注的心流？

〇你最近專注累計超過二十個小時是因為什麼？

認識局限

○你認為最寶貴的事是什麼？

○別人認為特別寶貴你卻不那麼認為的事有哪些？

○寫下你的專業深造程度：

○寫下你掌握的各項技能：

○寫下你熟悉的領域：

○列出你未知卻想知道的一切：

認識關係

○用一些通俗的詞彙描述你自己：

○寫下與你關係最親密的人：

○寫下這個人對你的評價：

○寫下這個人對你成長的影響：

○寫下他（她）在關係裡對你的期望：

○請描述你最感興趣的事：

○請描述你最想達成的事：

人不應該恐懼死亡，

他應該恐懼的是從未真正地活過。

——奧勒良（Lucius Domitius Aurelianus）——

02

•

路徑 2

寫下你的遺願清單

•

在寫本書的這一年中，我陷入一個巨大的逆境之中。這一章，我要寫給每個讀者，也寫給我自己。逆境讓人更加渴望尋找答案，而答案永遠在嘗試之中產生。

人應該活成一場電影、一局遊戲、一棟建築。至少要像一棟建築，立於大地，有屬於自己的架構、格局和空間，在環境變幻中折射光與影，在時間長河中頹塌毀滅。

這是一本工具書，關於電影劇本怎麼撰寫、遊戲怎麼打通關、建築怎麼設計建造，我們試圖在無數樣本中尋找適合自己的範本，最終在豐富它們的過程中完成。

這些樣本應該來自全世界。我們中的大多數人只能在一顆星球上終老，而我們窮其一生都無法看遍這個星球上值得體驗的事物。

為了定義短暫生命裡這個星球上最值得體驗的東西，我開列了自己的遺願清單。

在順境的時候，我曾經誤解了「世界」的意思。我認為世界就是別處，是星辰、森林、極光、雪山、草原、峽谷、海岸；我認為世界就是他人，那些波瀾壯闊的人生超越所有狂野的想像；我認為世界就是打動我、令我癡迷神往的東西，就是除去司空見慣事物之外的一切。我認為世界的作用就是讓我們收集，先使用列舉法、再使用歸納法，看看其他人都選擇了什麼樣的活法、選擇了什麼樣的工作、選擇了什麼樣的伴侶。我認為世界就是參考座標。

但現在的我，正處於自己人生的逆境，逆境使我改變了觀看世界的順序。如果你正在看本書，急於填表或是梳理人生，我希望你和我一起，先進入逆境人生使用的參考座標。它更恢宏、更達觀、更能幫助你穿過漫長歲月，體會它將有助於你開列自己的遺願清單。

觀看宇宙

你身處逆境的時候會做什麼呢？我通常會更努力地反思，更認真地執行，但能這樣做的時候，說明面臨的都還是小型困難，逆境程度不夠。真正遭遇大逆境時，我會觀看宇宙。

我會認真地看一張著名的照片。

一九九〇年二月十四日，「旅行者一號」完成首要任務之際，美國太空總署指示太空船向後看以拍攝它所探訪過的行星，其中一張照片剛好把地球拍攝在內。照片中似乎看不見地球，因為從這個距離觀察地球，地球只是一個渺小的暗點，只占整張照片的〇．一二像素。

天文學家薩根博士對這張照片曾經有一段解讀：

> 我們成功地（從外太空）拍到這張照片，細心再看，你會看見一個小點。就是這裡，這就是我們的家，就是我們。在這個點上有所有你愛的人、你認識的人、你聽過的人、曾經存在過的人，這些人都在上面度過他們的一生。這裡集合了一切的歡喜與苦難、上千種被信仰的宗教、意識形態以及經濟學說，所有獵人和搶劫者、英雄和懦夫、各種文化的創造者與毀滅者、皇帝與侍臣、相戀中的年輕愛侶、有前途的兒童、父母、發明家和探險家、

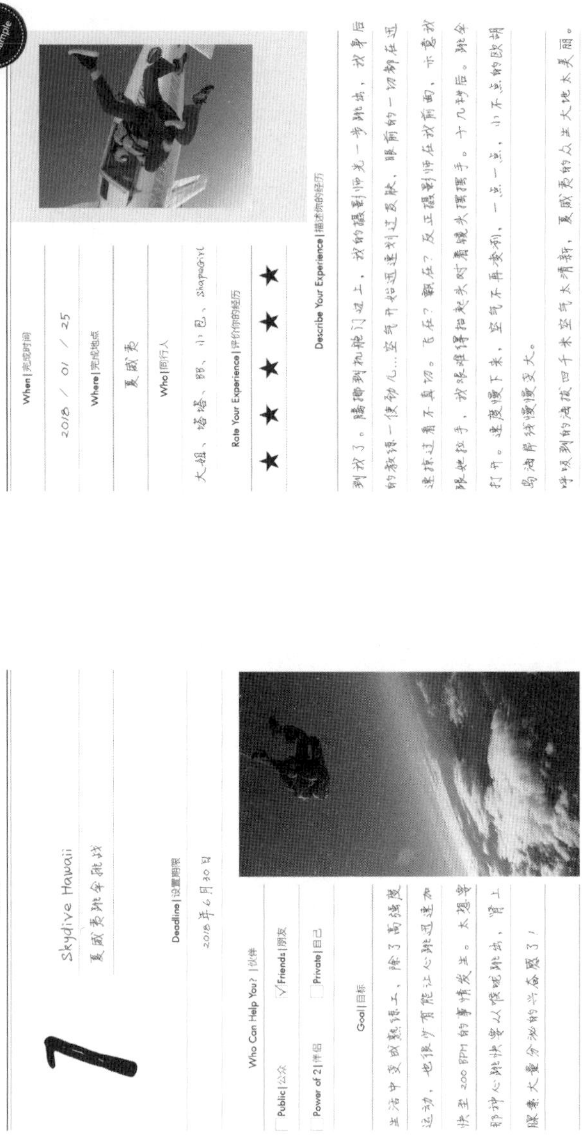
「Before」
1
Skydive Hawaii
夏威夷跳伞挑战
Deadline | 设置期限
2018年6月30日
Who Can Help You? | 伙伴
Public | 公众
√Friends | 朋友
Power of 2 | 伴侣
Private | 自己
Goal | 目标
生活中变成熟练工，除了高强度运动，也很少有能让心跳迅速加快到200 BPM的事情发生。太想要那种心跳快要从喉咙跳出，肾上腺素大量分泌的兴奋感了！
「After」
示例 Example
When | 完成时间
2018 / 01 / 25
Where | 完成地点
夏威夷
Who | 同行人
大姐、塔塔、BB、小包、ShapeGirl
Rate Your Experience | 评价你的经历
★ ★ ★ ★ ★
Describe Your Experience | 描述你的经历
到我了。腾挪到机舱门边上，我的摄影师先一步跳出，我身后的教练一使劲儿…空气开始迅速划过皮肤，眼前的一切都在迅速掠过看不真切。飞在？飘在？反正摄影师在我前面，示意我跟她拉手，我很难得抬起头对着镜头摆摆手。十几秒后。跳伞打开。速度慢下来，空气不再凌冽，一点一点，小不点的欧胡岛海岸线慢慢变大。
呼吸到的海拔四千米空气太清新，夏威夷的众生大地太美丽。

遺願清單內頁

教授道德的老師、貪污的政客、大明星、至高無上的領袖、人類歷史上的聖人與罪人，通通都住在這裡——一粒懸浮在陽光下的微塵。

嗯，逆境中的我，會長久地凝視這粒陽光下的微塵。如果凝視不足以消滅逆境的痛苦，我還會認真地觀看關於宇宙的紀錄片，去理解那些令人目瞪口呆的浩瀚尺度、大千世界、周而復始的生生滅滅、人類之渺小、宇宙之洪荒。

王小波說：「生活就是個緩慢受錘的過程。」少年們總是幻想有一天仗劍走天涯，看一看世界的繁華，可總有一天，他起床發現手裡沒有劍，哪裡也去不了，生活就像一個泥坑，想拔出腳，卻動彈不得。

你我也許此刻都在泥坑之中，但我們之中會有人抬頭看著星辰。看完之後，你會知道——你應該全力以赴，同時又不抱任何希望。這是全宇宙最重要的一件事，同時這件事根本無關緊要。

嗯，現在身陷逆境的我建議你，在走出之前，把宇宙電影清單寫在遺願清單的第一類裡。

1. 《旅行到宇宙邊緣》（*Journey to the Edge of the Universe, 2008*）
2. 《宇宙之旅》（*Cosmic Voyage, 1996*）

3. 《超乎想像的宇宙》（*The Fabric of the Cosmos: What is Space*, 2011）
4. 《霍金的宇宙大探索》（*Into the Universe with Stephen Hawking*, 2010）
5. 《宇宙有道理》（*How the Universe Works*, 2010）

這些紀錄片，可以留在坎坷的日常中長期觀看，直到你獲得了一個新的角度——宇宙觀察者的角度。這樣，在下一個艱難思索的深夜，當你走出辦公室，抬起頭仰望夜空，你會知道在宇宙深處，光行走了多久。你看到的是一百年前的北斗七星、兩百五十萬年前的仙女座大星系，那裡沒有正確和錯誤，沒有希望和懊悔，也沒有恐懼和寂寞。

而你，一粒微塵上的小人兒，為了短暫亮起又熄滅的一生，開始撰寫遺願清單，決定奔跑起來擁抱希望、懊悔、恐懼、寂寞。來吧，你可以經歷上千種波瀾壯闊的人生，反正都是微塵。

最激勵你的傳記

遺願清單的第二類，列下今生最能感動、激勵你的傳記。

傳記不同於工具書，並不能直接拿來使用，但是我自己總在傳記中獲得最深遠的激勵。

你會發現，所有傳記的主角都如此經典而獨特，閃耀著人格魅力，與此同時，又無一例外地遵循了「英雄之旅」的規律。[1] 每一個傳記主角基本上都會經歷混沌和迷惘、被動出發，遭受困境和背叛、選擇和信任、自我懷疑、短暫放棄、獲得啟迪和指引。每個人都在各自的人生旅途中前行，我以為我正在經歷的這些是多麼跌宕和獨特，但在世界的某處，歷史的某刻，這早已由別人經歷過千千萬萬次。太陽底下沒有新鮮事。而這一切，是從希臘神話時期就開始提煉的永恆模式。你會發現，只有好看的故事和電影，才具備永恆的模式。

你需要從傳記中看主角所在的更陳舊的大時代背景、更差的醫療條件、更封閉的資訊來源，看他（她）的天賦和努力，看他（她）如何認知這個世界，如何點燃自己的希望，希望又如何破滅，他（她）遇到了誰，經歷了幾個決定性瞬間，最終如何改變了命運。看傳記最低程度的功效，就是你可以看到主角會艱難和困苦到什麼程度，看到主角在十倍逆境下也能扛過去，是當下對自己最好的安慰。

註1《千面英雄》（簡），約瑟夫．坎伯著，金城出版社，2012。無論是《星際大戰》，《哈利波特》，還是小時候玩的《超級馬利歐》，這些小說、電影、遊戲中的故事脈絡驚人一致，都是遵循「啟程→啟蒙→考驗→歸來」的順序。這本書讓我有能力俯瞰我的整個人生道路。推薦你也試試看。

《作家之路》，克克里斯多夫．佛格勒著，商周出版，2013。電影所描述的故事就是人生經歷的隱喻。這本書的作者就是《獅子王》的編劇。你可以再看一遍迪士尼出品的動畫電影《獅子王》，捕捉獅子王辛巴經歷的迷惘、被動出發、遭受困境、選擇、背叛、信任、自我懷疑、放棄、獲得啟迪和指引等心路歷程。

二〇一七年，我讀了十本女性傳記，並整理提煉成音視頻節目《十個一生》[2]，包括瑪嘉・莎塔碧、莎樂美（Lou Andreas-Salomé）、芙烈達・卡蘿、草間彌生、楊絳、董竹君、香奈兒、桑德伯格、歐普拉、柴契爾，這十位女性，是影響我人生的燈塔。回顧二〇一年，我慶幸自己做了這件事，因為這一年中，十本自傳都給了我不同程度的激勵。其中，《我在伊朗長大》和《我的一個世紀》這兩本，令我強烈的感同身受，我因主角的一句獨白、一個決定而激動唏噓。

傳記就是你在今生收集到的他人的活法，你會發現原來這世界真有波瀾壯闊的人生。無論順境還是逆境，它們總會到來，也總會過去。在逆境裡看別人的逆境，你會非常確定，懷疑和恐懼是英雄之旅的一部分，你需要和主角一樣，接受試煉，與命運選派的一切困難交鋒。俯瞰別人的故事，使你有能力跳出當下，去俯瞰自己故事中的人與事，也有能力去解釋你遇到的每一張面孔的意義，無論他們是導師、敵人，還是伴侶。你要早一點打開傳記，早一點見到裡面像燈塔一樣的那個主角，因為他（她）會引領你，激勵你。

你可以造夢

遺願清單的第三類，列下今生最值得你觀看的電影。

畢竟讀傳記的人少，看電影的人多，電影更鮮活，它能幫你完成造夢。電影讓我們在黑暗中變為化身，讓我們哭，讓我們笑，讓我們等待，就像在體驗真正的人生。人們看電影的出發點最初是美和消遣，卻總會難以預料地被電影中的場景一下擊穿了大腦，更新了觀念，無論是否承認，看電影已成為一種淨化世界觀的重要方式。

看電影是看別人造夢，電影會讓我們相信自己也可以造夢。我從來都深信，我們自己就是可以造夢。

趁早品牌的《BUCKET LIST 遺願清單》是我和同事杜明一起構思的。我始終記得，三年前的夜裡，我收到杜明寄來的第一版《BUCKET LIST 遺願清單》設計圖。入冬的北京很冷，我從外面進到家，渾身都是寒氣，進門蜷縮在沙發上打開手機。我看著那一張張設計圖，細讀

註2我喜歡讀傳記。在讀別人故事的過程中，我始終對照的是自己。這個系列是我對激勵過我的十名女性自傳的解讀。這十本傳記分別為：

《我在伊朗長大》（簡），瑪嘉．莎塔碧，新知三聯書店，2010
《男人的天使，自己的上帝》（簡），莎樂美，長江文藝出版社，2012
《芙烈達》（簡），海頓．赫雷拉著，新星出版社，2016
《無限的網》，草間彌生著，木馬文化出版，2011
《我們仨》，楊絳著，時報文化出版，2003
《我的一個世紀》（簡），董竹君著，新知三聯書店，2008
《黑色，是我永恆的姿態》，賈絲婷．皮卡迪著，馬可孛羅出版，2013
《關於人生，我確實知道……》，歐普拉著，天下文化出版，2015
《挺身而進》，雪柔．桑德伯格著，天下雜誌出版，2018
《柴契爾夫人：通往權力之路》（簡），柴契爾，國際文化出版公司，2009

那些事項、目的地、情境和句子，腦海中劃過我一生的圖景。那個午夜，我在沙發上，熱淚盈眶，在腦中造完了我人生中最淋漓的夢。

以下是杜明描述電影的文字和推薦的十部電影，我很喜歡：

光影出現以前，人們可能永遠都不會想到，坐在一間黑黑的屋子裡，兩個小時像夢境一般無限延長，像過了一天，像過了一年，有時候，像過了一生。

每部電影的動人一瞬都可能是你憧憬過的人生的一個片段，與其說你被那個情節感動到了，倒不如說你嚮往那樣純粹的友情、那樣奮不顧身的愛情、那樣勇敢的自己。

現實的人生一秒一秒度過，等待會讓你覺得一輩子太長。電影裡，只是鏡頭一閃，出現一行小字「二十年後」，然後青絲染雪、韶華不復，其間百轉千回、吶喊與呻吟，全只不過一瞬。

它讓那些你從未經歷也終究不太可能經歷的一切，成為你生命的一部分。當散場燈光打開時，恍然回神，像是剛剛度完一生。

推薦電影清單

1. 《活著》

2. 《真愛每一天》（*About Time*）
3. 《教父》（*The Godfather*）
4. 《一路玩到掛》（*The Bucket List*）
5. 《年輕氣盛》（*Youth*）
6. 《班傑明的奇幻旅程》（*The Curious Case of Benjamin Button*）
7. 《刺激一九九五》（*The Shawshank Redemption*）
8. 《海街日記》（*Kamakura Diary*）
9. 《大智若魚》（*Big Fish*）
10. 《一一》

光輝時刻

遺願清單的第四類，以事件達成為指標，列下你今生要企及的專業成就和賺錢方式。這個建議曾經不被理解，如此狂野浪漫的清單，為什麼要摻入功利世界？

遺願清單的清單靈感不應來自別處，而只應該來自「倒敘」（Flashback）——每個人臨終彌留時眼前的一生重要時刻的提要重播。我們一生究竟為什麼而活，認為什麼最寶貴，在那個提要重播中都會得到呈現，你的幸福、至美、自由、光輝、榮耀的頂點最後都會重新浮現在眼前、輪番播映。

而我們現在的努力、在逆境中等待，都是為了這些時刻的出現。到那時，無論是擁抱愛人、迎接嬰兒，還是考取學校、功成名就、鉅款到帳，這些令人光芒萬丈的時刻都不相上下。

把專業和賺錢這類光輝里程碑也寫入遺願清單的重要原因，在於它會讓你此刻就感知、深耕自己的專業，或馬上開始研究這世界上的賺錢史、學習經營的方法和策略、提高演講和管理水準、熟知經濟學。遺願清單裡寫有成就感，你人生最寶貴的事裡才會有成就感，你才會為自己生而為人的價值持續付出努力。

你應該更早去學習和了解與你未來相關的主要行業，研究這些行業如何存在、如何運轉。對於必須面對的現實生活，這本來就是你收集世界樣本的重要內容。你的所知所學和性格特徵，必將你推向某個行業的鏈條上，你需要知道那些令你豔羨的領軍人物到底做了什麼，你更需要知道未來你可以身在何處、可以貢獻什麼價值。為了這樣的光輝時刻，你才會遠離手機去看書、去鑽研專業、去認真探索，這樣才能在你的領域裡，從平庸常人的認知裡跳脫一點點、和人類最高智慧接近一點點，在「倒敘」來臨時，多幾個令人起立鼓掌的光輝時刻。

真正的旅行

遺願清單的第五類，也是需要填寫最多的清單，就是旅行目的地。世界是怎樣運轉的、是什麼樣子的，了解它的最好方式當然就是去親自看一看。但在遺願清單裡，一定不是去過就算打勾。

旅行不應該是換個地方看手機，不應該僅僅是飛了很遠、換個城市走路，也不應該是為了拍照以彰顯我有錢、有時間來這裡，再發到社群媒體上，因為這些必定不會寫入你的「倒敘」裡。

旅行是要幫我們破除狹小自我意識裡的積習，幫我們意識到哪些思維和行為被日常瑣事僵化，我們被哪些舊有環境，比如職位、存款、關係等定義了人格，並對它們產生牽掛和依賴。旅行是要令你突然明白，哪些是真正重要的東西。

二〇一〇年，我和一個團隊去埃及旅行，導遊是個會說中文的埃及姑娘，在旅程的最後一天，她對我說：「我不懂你們，你們沒有宗教信仰，怎麼知道每天早晨醒來為什麼而活？沒有宗教的指引，沒有最終的方向，是什麼支撐你們每天做事情？」

旅行中會出現一些特定時刻，那些動搖你曾經以為將天長地久的外在環境的時刻，讓你意識到它引發的各種牽絆有多麼的不重要、多麼的轉瞬即逝。你旅行得越久，就越不會受到這些東西的控制，越能夠意識到這些東西並不是你真正追求的。而你的核心才具有真正價值，才是持久的所在。真正的旅行會重塑你的認知，讓你更加真實純粹，一次次旅行的疊加將使這種意識更加深刻，這種意識將使你蛻變、伴隨你的餘生。

改變軌跡的瞬間

遺願清單的第六類，是平凡生活的珍貴時刻，是那些改變軌跡的決定性瞬間。

也許是我在公車上向車窗外望去，突然決定做一個創業者。也許是我在研究生宿舍裡接到的第一通電話。

也許是一個平靜的下午，我在家中開始寫三十歲領悟到的教訓。

也許是我在辦公室拿起一張白紙，開始畫心目中效率手冊的版式。也許是我參加了一個聚會，看到一個男生向我走過來。

那些時刻都發生在我司空見慣的地方、平凡的一天裡，但都改寫了我的生活，那些時刻不可預期，不會忘，不再來。

也許一開始我就說錯了，我們都不會擁有上千個波瀾壯闊的人生。因為波瀾壯闊是靠別人來定義的，那些在我們看來擁有波瀾壯闊人生的人，也會認為他們是在過他們的日常生活。

我們生活的所在和日常，就是遠方的人所見的遠方。看看遠道而來的旅行者拿著相機驚訝的目光，就知道在他們眼中，我們身上早已充滿異域神秘故事，於他們而言十分不同尋常。

其實，我們根本就不用刻意尋找一個充滿離奇故事的環境，我們走在英雄的旅途上，我們的生活中就有無窮無盡的故事和詩意。我們是電影，我們是傳記，我們早已是主角。

在遺願清單中，我們渴望擁有一生重要時刻的樣本，我們希望它們來自全世界。但我們中的大多數人只能在一顆星球上終老，我們窮其一生，都無法一一看遍這個星球上值得體驗的事物。那又怎樣呢？世界的本質就是你的大腦。所有的感知，所有的想法，所有的感情，所有的欲望，你的所有思想與感受都只在一個容器中發酵。你寫下清單，然後你行動、你獲得，願你我終將擁有遺願清單裡的世界。

永遠不要以為我們可以逃避，

我們的每一步都決定著最後的結局，

我們的腳正在走向我們自己選定的終點。

—— 米蘭・昆德拉（Milan Kundera）——

03

路徑 3

覺察你的時間觀與心流時刻

之前兩章似乎已經涵蓋一切，從個體到世界，都是我們觀察的物件，也是我們這一生中無窮無盡的素材。幾乎所有人都嚮往讀萬卷書，行萬里路，與一萬個有趣的人交會。但我們會發現，一個人的人生品質，並不是數量簡單相加的結果。依然有太多吃過、見過，卻依然沒真正達成任何一件事、沒做好決策、沒過好一生的人。

隨著時間的推移，人和人最終的分野，並不是由人們經歷的多寡所決定，而是由一個極其重要的能力決定——專注力與達到心流狀態的能力。

什麼是專注力和心流？

每個人都渴望找到全然聚精會神的時刻：感受時間變慢，雜念消失，負責的任務輕鬆完成。心理學家稱之為「心流」（flow），運動員管這種狀態叫作「忘我狀態」（the zone）。[1]

我了解到，大多數人都和我一樣，從小學到中學，四十分鐘的課堂時間，時常上著上著就發現經歷了一個「我走神了」和「我回來了」的過程，不知道什麼時候就失去了專注聽課的能力，每節課都會不定時地出現一兩次這樣的狀態。後來在寫作的時候，如果天氣好，心情好，茶好喝一點，我就能堅持久一點；如果今天心情不好，環境不好，我就堅持不了多久，就做不了什麼。這種情況持續了好多年，後來才發現，我需要解決的並不是這些問題的現象，而是要解決出現這些問題的原因。原因首先就是剛才所說的，我的時間觀念還沒有形成未來導向，我也不知道我需要尋找方法去訓練和掌控這種能力。

我們普通人最初的時間管理方式和任務處理方式都屬於聽天由命、隨波逐流型。在那之前，我以為我偶爾體驗到的心流是隨機出現、不可預測、無法期待的。我也不知道，專注和心流能力的基礎是先天的，但是像肌肉一樣，也可以後天塑造。

關於心流的討論，就像本書的出發點一樣，我們一度以為要討論的是時間管理問題，我們還常說一個人的每天都是二十四小時，是公平的。但時間和精力是非常個體化的東西，每個人每天的可使用時間和可調動精力有極大區別。所謂時間管理，不是按照每一天來劃分的，而是

註1 《心流》（簡），契克森米哈賴著，中信出版社，2017
作者是一個心理學家，他首先提出心流的概念。心流發生的活動有這些特徵：⑴我們傾向從事的活動；⑵我們會專注一致的活動；⑶有清楚目標的活動；⑷有立即回饋的活動；⑸我們對這項活動有主控感；⑹在從事活動時我們的憂慮感消失；⑺主觀的時間感改變，例如可以從事很長時間而不感覺時間的消逝。

按照單位時間內事件和精力的安排能力和方法。我們所謂的時間管理其實是精力管理和效能管理。這個世界上最強大的精力和效能只有一種，那就是當心流出現的時候，你會到達巔峰狀態。

我自己的心流感受是：當我閱讀、寫作和學習時，持續高度用腦，會突然進入一種情境，感受到世界只有我自己和我面前正在做的事情，甚至在視覺上，周圍一切的顏色和景物都會變成灰白色或者模糊不見，都往遠處褪去。我會比日常任何時候都能夠更快、更好、更深入地理解、領會和描述，能夠與我在做的事情形成一種奇特而美好的節奏，在心理上有滿足感和充實感，感覺人生沒有虛度。在這段時間內，我喪失真實時間的感知能力，不能準確判斷客觀時間的快與慢。當心流過去時，會發現已經過了數小時。在心流時間之後，人會進入一種愉悅穩定的情緒，因為獲得了充分的自我確認，關於價值和人生滿足感，不需要任何外部人與事的確認，自己明確地知道自己這段生命的價值和意義。

當我檢視心流時間內所做任何一件事的品質時，會發現它們都一定是在自己的最好狀態下產生的。因此，心流時間是完美時刻，在最高效的情況下同時收穫成果和快樂。我也是在二〇一二年，才體驗到了心流持續出現的現象。

二〇一二年，我在家寫第二本書《三觀易碎》時，為了克服習慣性拖延和寫作寂寞，就在微博上開了一個話題，叫作「每天專注三小時」。在我開始寫作之前，我在微博上宣布，我的微博粉絲可以加入一起完成大家各自的事情，然後三小時後來彙報完成情況。三個小時，是我自己的心流出現的平均時間，事實上我進入心流狀態就需要至少一個小時。因為那時我並沒有像現在這樣，掌握使心流發生的方法，所以只能留足夠的時間等待。[2]

沒想到微博上真的有幾萬人和我一起堅持，隨著時間的推移，群體越來越大，最後這項活動反而迫使我完成心流方法論的建立工作。

在微博的留言裡，我看到了人們需要克服和我一模一樣的問題，比如如何專注，如何劃分時間，沒時間怎麼辦，堅持不下去怎麼辦等。

二〇一四年，有一個時期讓我不得不開始研究專注力。在此之前我做過不同種類的工作，也換過幾個行業。但是，在二〇一四至二〇一五年，因為一個契機，我才真正意識到專注力是可以訓練的。

從二〇一四年六月到二〇一五年八月，我擔任了十四個月的《時尚 COSMO》主編。在此之前，時尚集團總裁蘇芒找到我，勸我接下主編這個職位。我說我試了這麼多的行業，終於可以專注於自己的創業公司「趁早」，是不是應該過減法人生呢？蘇芒說：「覺得自己沒有時間

註 2《三觀易碎》（簡），王瀟著，浙江文藝出版社，2016

#每天專注三小時#的微博打卡活動，陸續成為五十萬趁早使用者的標誌性行為，演化成為#趁早煥新#、#山洞計畫#、趁早 App。如果對最初的活動規則感興趣，可以翻閱《三觀易碎》中「每天專注三小時」一文。

做這些事，還需要減法，是無能的人說的。」我當時說：「蘇總，我自己有一家公司，若還要再管理這本雜誌，真的會覺得時間不夠用。」蘇芒說：「雷軍管理十一家公司，他累死了嗎？你王瀟就只能管理一個團隊嗎？管理兩個團隊你就要累死了嗎？」

二〇一五年六月至十月，可能是我前半生最忙的一段時間，現在看來我簡直過了一段不可能的時光。忙到什麼程度呢？上午在趁早工作，開例會、算成本、選產品，了解大家的工作進度；那段時間公司在進行首輪融資，要有商業計畫書，要和律師一起討論融資協議，盡職調查；公司要搬家，要選址、要裝修、要選傢俱；下午去時尚集團，每個月要完成兩本刊物的合刊，要寫卷首語、接受培訓、開選題會、拍封面、做廣告收入預算、開發新媒體、參加線下活動；同時我不間斷地去紐約、芝加哥這樣遙遠的地方出差，其間還去澳洲黃金海岸跑了馬拉松；我的女兒問問當時三歲，在那四個月裡我要幫她挑選幼稚園，要面試；與此同時，我還要寫新書，就是後來的《按自己的意願過一生》，十萬字，四個月寫完；還要健身、美容、保持身材……這些事情一環扣一環，一件接一件，每天都必須完成。在那期間，我的貓還生病住院了，還要探望貓。我的貓最終離開了我，當時我在寵物醫院哭了一會兒，一邊哭一邊離開去做下一件事。

這所有的事情，都集中發生在四個多月裡，最終竟然都順利完成了。現在回憶起來，在那一段時間，我開始逼迫自己學習使用優先順序原則，同時在做任何一件需要絕對專注的事情時，訓練自己迅速地進入心流狀態。魔鬼訓練般的四個多月過完之後，我和團隊把四個多月中我的時間管理策略總結下來，設計成了趁早中一個很有代表性的產品《極少數手冊》。在《極少數手冊》的內頁裡，你會發現每一小時、每一杯水、每一個思路、每個短期和長期目標，都可以被高強度地記錄和執行。很多人評價真正善用《極少數手冊》的人，是對自己嚴苛到變態的人。其實有什麼樣的目標對應過什麼樣的生活，對應使用什麼樣的工具。如果你想成為極少數的人，當然要使用極少數人才用的工具。

這裡有一個老生常談的問題：你怎樣平衡工作和生活？我覺得這個問題的出發點就是錯誤的。如果你想做成一件事，那麼在最開始就不該提「平衡」兩個字。我們的字典裡就不該有這兩個字，因為如果你真的想做成什麼事，應該追求的是另外兩個字——極致。心流，就是思考和處理問題的極致狀態。一定要把自控力、意志力的培養當作研究對象，這樣你才能真正開始管理時間和精力。

首先，和本書第一章的邏輯一樣，在這方面，你還是先得認識你自己。

在第一章中，我提到《你何時要吃棉花糖？》這個心理學的測試方法，是用時間觀念的不同來區分人。這個區分的角度不常見，但我很喜歡，因為它非常適合我，你或是因為本書書名而閱讀，或是因為想用未來五年的時間決定成為什麼樣的人而讀本書，那麼這個觀念測試也非常適合你。

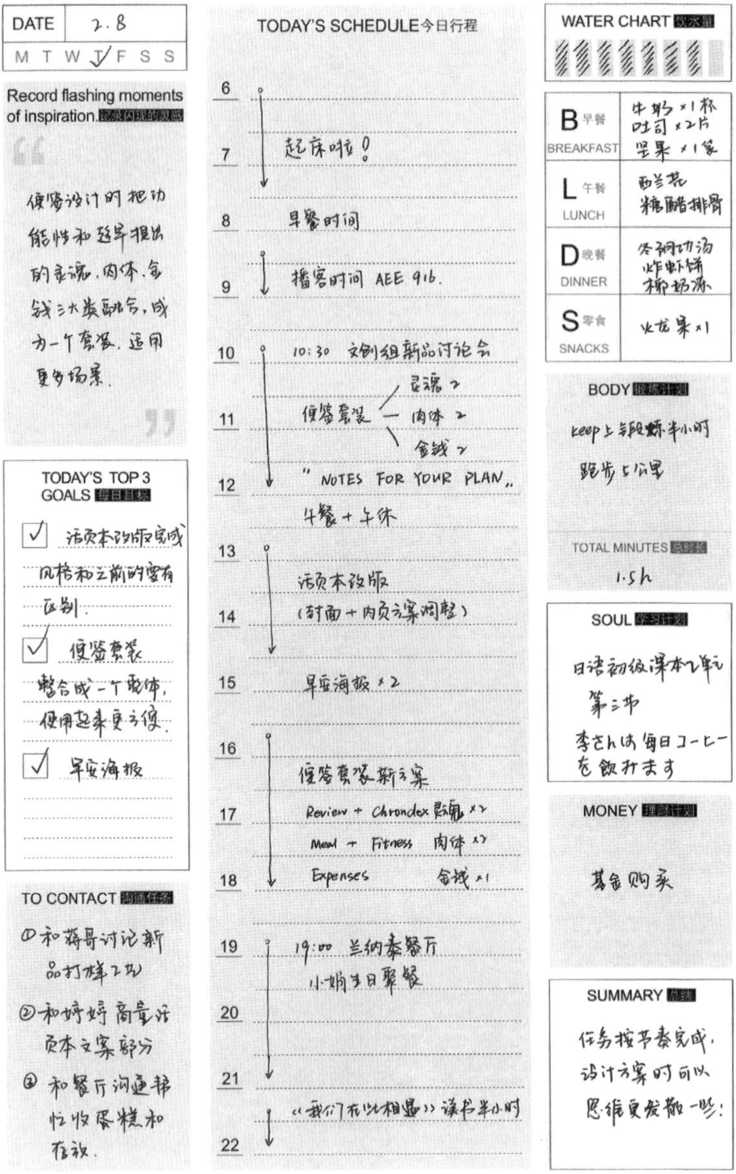
DATE 2.8
M T W T F S S
Record flashing moments of inspiration.记录闪现的灵感
便签设计时把功能性和选择提出的灵魂、肉体、金钱三大类融合，成为一个套装，适用更多场景。
TODAY'S TOP 3 GOALS 每日目标
活页本改版完成 风格和之前的要有区别。
便签套装 整合成一个整体，使用起来更方便。
早安海报
TO CONTACT 沟通任务
①和蒋哥讨论新品打样2款
②和婷婷商量活页本文案部分
③和餐厅沟通帮忙收蛋糕和存放。
TODAY'S SCHEDULE今日行程
6
7 起床啦！
8 早餐时间
9 播客时间 AEE 916.
10 10:30 文创组新品讨论会
11 便签套装 灵魂2 肉体2 金钱2
12 "NOTES FOR YOUR PLAN"
午餐+午休
13
活页本改版
14 (封面+内页方案调整)
15 早安海报×2
16
便签套装新方案
17 Review + Chrondex 灵魂×2
Meal + Fitness 肉体×2
18 Expenses 金钱×1
19 19:00 兰纳泰餐厅
小娟生日聚餐
20
21
《我们在此相遇》读书半小时
22
WATER CHART 饮水量
B 早餐 BREAKFAST 牛奶×1杯 吐司×2片 坚果×1袋
L 午餐 LUNCH 西兰花 糖醋排骨
D 晚餐 DINNER 冬阴功汤 炸虾饼 椰奶冻
S 零食 SNACKS 火龙果×1
BODY 锻炼计划
keep上锻炼半小时
跑步5公里
TOTAL MINUTES 总时长
1.5h
SOUL 学习计划
日语初级课本2单元 第三节
李さんは毎日コーヒーを飲みます
MONEY 理财计划
基金购买
SUMMARY 总结
任务按节奏完成，设计方案时可以思维更发散一些！

極少數手冊使用實例

因為這個測試的邏輯，是為自己建立心流專注能力的基礎。

你的過去、現在和未來

心理學家金巴多認為，時間是物的一種存在方式。時間觀是我們每個人對於時間和過程的一種無意識的個人態度，這種狀態使持續不斷的存在性資訊被時間分門別類，而賦予我們的生活以秩序、連貫性以及意義。

這個測試結果只專注描述一件事——你到底是如何看待和處理時間的，包括過去、現在和未來。測試結果可以告訴你，你的觀念嚴重影響你使用時間的方法，你的行為基於對時間的觀念而存在，以及你其實可以選擇重構過去、詮釋現在和構建未來。

和其他的測試不同，人格測試無所謂結果好壞，只用結果呈現人的多樣性，而這個測試有確定的理想結果，有最佳的組合，有存在嚴重缺陷的時間觀（比如過去負面型時間觀和現在宿命型時間觀），你可以調整你的行為和思路接近這個最佳結果。

金巴多把時間劃分為過去、現在和未來三個面向，每個面向又各細分為兩種時間觀。

測試結果將展示你在每個面向所占比例的大小，而且會明確告訴你哪些行為是其中的哪些時間觀導致的，比如當一個人走不出往事陰影或沉溺於回憶，或消費嚴重透支，或因為做事犧牲家庭和朋友，在結果中都能看到對應的原因。

金巴多的六個時間觀

過去	過去正面型時間觀——美好回憶 ・銘記發生過的好事 ・有關家庭和傳統文化的記憶	過去負面型時間觀——糟糕回憶 ・關注壞事，感覺自己失敗 ・對錯失機會而感到悔恨的記憶
現在	現在享樂型時間觀 ・回避現實，享受當下 ・尋求感覺刺激	現在宿命型時間觀 ・相信一切命中註定 ・不受人為力量的影響
未來	未來型時間觀 ・重視工作目標和計畫 ・可以抵制眼前誘惑	超驗未來型時間觀 ・相信來世、轉世 ・被宗教影響

先說我的結果：

我的按高低分排序首先是未來型時間觀，其次是現在享樂型時間觀，再次是過去負面型，然後是超驗未來型時間觀，最後是現在宿命型時間觀。

這個結果接近了金巴多教授所建議的最佳組合：強烈的正面過去，適度的未來導向，適度的享樂現在，弱的負面過去，弱的宿命現在。

我這樣對比分析：

1. 我的過去負面時間觀比想像的得分高，我一直練習從負面體驗裡總結教訓，但是也造成我對負面記憶印象相當深刻（記仇），以至負面體驗組成了我對過去歲月的很多認知。我會認為快樂都是應該的，痛苦都應該被銘記，結果我略過了快樂，銘記了過多痛苦。久而久之，我對自己人生體驗的總體評價就不好說了，得注意。

2. 我的未來時間觀得分有些太高，不知道這是不是創業者的通病，因為創業是朝向未來的，會帶來大量的延遲滿足，犧牲當下快樂。其實現在就是我夢想過的未來，就是十年幻想努力的結果，當結果漸次湧來時，得採摘，得擁抱。

3. 還好，我的現在享樂時間觀得分也不低，這讓我能滿足於一些現狀，比如化妝穿新衣，喝酒聊天，拍照發出「此刻窗外」。

其實最好的時間態度就是滿足於現在，不滿足於未來。換句話說，就是我追求幸福，我知道漫長追求後的成功是幸福，我也要時時刻刻追求幸福。

沒有人能夠給你規定人生目標，除了你自己；沒有人可以左右你的時間，除了你自己。

以上的結論是，如果測驗出你和我一樣是持有未來時間觀的人，你就更有可能訓練出專注與心流能力、延遲滿足的能力；如果測試顯示你傾向於現在享樂型時間觀，你就越容易沉溺當下、不問前程。統計結果顯示，「未來導向」的人具有更好的習慣，做事深思熟慮、執行能力高，有上進心的人希望自己成為這一類人，社會的中流砥柱大多也是這一類人。這簡直是成功人士和人生贏家的密碼，原來他們看待時間的方法，從一開始就是不一樣的。

透過測驗我們先了解和面對自己的時間觀，在此基礎上強化訓練我們人生的一個核心能力：專注與心流能力。

在解剖學上，大腦是人體最後發育的器官，二十歲以後依然在發育。也就是說，我們小的時候專注力比較差，長大後可能會增強。但是這也不一定，因為有科學研究顯示，專注力持續的能力與遺傳有關。這一點非常可怕，在專注力上，我們生而就是不平等的，有的人可能生下來就能看一兩個小時的書，但有的人連堅持二十分鐘都很難。我可能屬於中等偏下的水準，我不但會走神，還上課畫小人、看課外書、和同學講話，我甚至可能有過動症，這就是我的童年。

需要承認的是，無聊和枯燥才是事情的常態，是生活的真相。在知道哪個好玩、哪個其次好玩、哪個不太好玩的情況下，還能夠預支自己的痛苦，去獲得更大的幸福，這叫延遲滿足，這就是未來時間觀念。不幸的是，連這個延遲滿足能力好像也是天生的。

有科學家研究過延遲滿足的能力。這是一個發生在紐西蘭的兒童追蹤實驗，追蹤研究了一千多個小朋友。科學家發給小朋友一塊糖，不同的小朋友做了不同的選擇。有的小朋友選擇立刻吃糖，有的小朋友會選擇先忍耐從而得到更多的獎勵糖果。這些小朋友長大後，就成了我們。

這個追蹤實驗的結果十分驚人。實驗證明，小時候願意以更多的時間代價延遲得到滿足感和幸福感的小朋友，長大後他的目標達成、成就會高於其他的小朋友。也就是說，自制力、意志力和將來他所達到的成就高度相關。

我們就像處於實驗中兒童時期的小朋友，因為五年、十年以後，我們就會是另一番樣子。由此可以判定，未來我們所能得到的取決於我們現在投入的專注力和自控力。現在能做到多少，未來就會收穫多少，毫無疑問。

往前走痛苦不可避免。有人問，你經常鍛鍊，身體不累嗎？不痛苦嗎？我說我鍛鍊身體當然痛苦，但是比起身材走樣的痛苦，這又算得了什麼呢？這與專注很像，專注當然很痛苦，但是較後面無知的痛苦、事情搞不定的痛苦，又算得了什麼呢？這就有了對比。認清真相，每次感覺好無聊、好枯燥的時候，我會想，就是這樣，沒有別的方式。還有，當我們把日常的專注再訓練往上至一個層級，進入心流狀態時，就感受不到痛苦了，甚至能感到幸福。

每個人先天能力的差別是巨大的。以我為例，我的專注黃金時間段是晚上九點到十二點，這三個小時我的效率非常高。我一天創作的極限是五千字，再多寫，整個人就會「乾癟」。我的創作時間目前可測的極限是，一週只能花兩天寫字，一天最多寫五千字。充分地認識自己、明確起點、接受瓶頸，反而可以進入專注的良性迴圈中。因為當我想去某個地方的時候，我就知道以什麼速度、用多長時間到達。

要清楚地自我評估對沮喪和煩躁的容忍度、對於專注和堅持的能力。每個人先天能力有極大的差別，需要透過既往經驗來評估自我能夠保持專注的時間長度。

以下是針對獲得延遲滿足、未來時間觀念、專注和心流的訓練方法。這些方法都可用、好用，雖然對不同的人效果不同，但基本立竿見影。

如何獲得未來時間觀：終局判斷法

是的，我們又回到時間表和忌日概念，向死而生，活到淋漓，去無所羈，這就是本書希望讀者達成的真正目標。

為什麼要管理時間？管理時間是為了做什麼？你的目標在哪兒？你要達成哪些階段，實現什麼階段性的目標？也就是說，你要做什麼？你做這件事的決心有多強烈？如果我們不在「怎麼辦」之前解決「為什麼辦」的問題，不在出發之前解決「去哪兒」的問題，接下來的所作所為幾乎都將無效。

如果不想清楚這些問題就去思考時間管理，去想接下來這一小時我要做什麼，是沒有任何意義的。沒有目標的人，終將在渾噩中耗盡自己的一生。

回到我們在第一章談到的志向，你的目標，是能夠專注的前提。我們已經在本書第一章中討論過「認識死亡」，如果你已經閱讀過，那麼你會比較容易理解這個方法。

首先，畫一塊你的墓碑，寫上你的名字，名字下方寫上你的生辰和你預估的卒年。比如：

王瀟

一九七八—二〇六八

好了，假設我的生命時長為九十年，我已經用掉了四十年，在剩下的日子裡我希望：王瀟是一個好媽媽和好伴侶，在一生中出版十五本書，經營一家成功的商業公司，生產產品和提供服務，幫助五千萬人找到人生目標，設定自己的人生意願，度過淋漓飽滿的一生。

有了目標，才能倒推每一年，每一年又被拆分為每一個月，再分解到每一天，最終落到每一小時。時間管理，其實就是管理如何在有限的生命內完成此刻自我和未來目標之間的距離。

在第四章中，我還會進一步展開「墓誌銘生平法」。

接下來的內容是目標管理的簡化版。

1. 首先，在工具的左上角寫上你的名字，我稱之為：行動者的名字。記住，這個時候的自我，不是自然狀態下的自我，是升級後的「行動的自我」。

2. 畫一條時間軸。在時間軸的右側，寫下我們的具體目標。目標可以分為兩種，一種叫必要目標，一種叫可能目標。

必要目標指的是：如果不做，我的人生可能無法完成一個階段應當做的事情。這是未來時間觀的核心。可能目標指的是：我們可以試一試的目標。

比如，你喜歡咖啡，你想成為一個專家，需要積累專業知識，研究一百種咖啡豆的味道就是你必須要做的事情。

3. 在時間軸的最後，必須寫上時間。確認在×年×月×日之前，我必須完成這件事情。這就是你的時間軸的終點。那起點是什麼時候呢？起點就是此時此刻，就是現在，不是任何以後的時間。

4. 接下來，還要列出三方面的清單：

①基礎準備

如果我要完成這個目標，我是不是需要工具？是不是需要參考書？是不是需要跟朋友交流？

②工作任務

要把時間軸按照目標拆解，每天完成多少。

③所需支持

你一個人就能完成嗎？是否需要幫手，是否需要錢，是否需要更多專業知識？

把這些悉數寫下來，在每一項前面畫一個方框，已經做到的、已經擁有的打勾，沒做到的、需要填補的暫時空缺，但是請記住，很多人都覺得滿足了這一切才可以開始，絕對不是這樣的。寫下這些不是為了全部打勾，而是要讓自己知道，這都是我們要在時間線上完成的事項，寫下來是為了讓自己知道。

很多人覺得堅持很難，是因為不知道距離終點還有多遠。目標實現之前，「在路上」是常態。為什麼持續打勾會上癮？專注地完成任務帶給我們的是一種具有安全感的情感體驗。如果像我一樣，在這個手冊每天做計畫打卡，其實就是在告訴自己，我還沒有達到我的預期，但我知道我要到達那裡，做了這件事情意味著我努力了，我可以一夜安眠。當我進入這個良性迴圈時，基本上就能夠慢慢感覺到自我安全體系在建立。這是通往自我實現的道路。

寫在墓碑上的生平，能讓你看見這個未來，並真正喚醒動機，用行為去實現未來。生平拓展之後，就是《趁早效率手冊》裡的「一生的計畫」，我們將在第四章具體說明。但一句生平，就足以喚起一個人的未來時間觀了。

觸發心流的三個方法

有的人說從來沒體驗過心流怎麼辦？其實我們應該都體驗過。玩遊戲的時候，很容易進入這種物我兩忘的境界，持續三、四個小時，不吃飯、不喝水，感覺不到自己持續專注於遊戲，就是那種感覺。

我通常使用的心流觸發方法有三個。

心流都是從專注開始進入，所以讓自己安靜進入，這是第一步。

・視覺化目標法

很多人把理想事物的圖片放在眼前，時刻提醒自己開始，這是很管用的方法。想像目標的達成，想像著我在那兒，我已經完成了它，然後開始工作。除了圖片，我一般會在開工前再看一遍一生的計畫，提醒自己此生時間有限。我練習在生命的終點縱觀一生，確定哪件事情我一定要達成才沒有遺憾。

・假想敵人法

我的第一本書《女人明白要趁早》裡講過，我有個十年之約的假想敵，她是我在外企工作時的一個同事。她對我說的一句話對當時二十多歲的我發揮了決定性作用。午飯時候我喜歡和同事誇誇其談，當時我們在吃飯，她坐在我對面。她看著我突然說：「王瀟，你就這樣沒心沒肺地活下去吧，你看看十年以後你什麼樣，我什麼樣？」

因為這件事，每一次當我懶惰的時候，特別不想做事的時候，我就會想，她在幹什麼？我很怕十年後她出現在我面前，說：你看，十年前我說什麼，你看看你現在的樣子？

用你豐富的想像力，在腦子中設定一個劇情，你是主角，有一個假想敵。她存在你的故事線中，激勵著你的每一個小時。

・上身法

這個方法對我是相當管用。假設我不是我，我是誰呢？我是我想成為的那個人，是我的目標人物。我在《按自己的意願過一生》裡寫過一段話：其實每個人都想出類拔萃。我們想成為極少數的人，那怎樣成為極少數的人呢？如果我們堅持三年，說話像極少數的人，做事也像極少數的人，做選擇也像極少數的人，那麼我們其實就是極少數的人。我們可能要經過漫長的積累，才能做到這件事，所以我會在那些極少數的人裡挑一個和我人生道路最相似的，作為我的榜樣。

多年來，我挑選的榜樣都是同一個人，她叫梁鳳儀。梁鳳儀是香港商界的一位女性企業家，她曾創立了一家公司叫「勤+緣」，後在香港上市。此外，她還是一個很棒的作者，出版過很多暢銷書。她一週要寫十萬字以上，平均一天要寫一萬多字，要寫兩、三個小時。當年，她的書在香港以及東亞地區都很有威望，主要描寫現代都市女性在追求獨立意識和經濟獨立上的抗爭，有些故事還被改編成了電視劇。

寫作很累，非常寂寞，沒有人能幫你。怎麼辦呢？我不想寫，我好累，我想看手機，我想休息……這些事情都可能發生。

怎樣使用上身法呢？

當我坐下來準備寫作，就開始假想：現在我不是王瀟，我是梁鳳儀。梁鳳儀此時此刻會做什麼呢？她會休息、看手機、照鏡子？我要升級為行動者的自我，對我而言，行動者的更高階段就是梁鳳儀。我現在就是梁鳳儀，就能做到在三個小時內持續寫作。

第三個方法對我是最管用的，就像變身一樣，我變成那個人，像她一樣容光煥發地開始工作。後來，我發現「變身」這件事會上癮，時間長了你就會真的「變成」這個人。

上身法是有一定心理學依據的。那個在你內心阻撓你的人，讓你去偷懶、去貪吃的人，是本我，代表了我們的天性，它持續存在；後面「上身」的我，它代表理想中的我，是超我。我們的人生就是一個本我和超我角力的過程，是懶惰的我、平凡的我和理想中的我角力的過程。贏得越多，贏面就越大。當超我戰勝本我，你慢慢就會被換血成為那個人，形成你理想中的人。

保持專注：靈魂和肉體雙引擎生活法

當你啟動學習和閱讀計畫的時候，也可以同期啟動健身計畫。如果你打算專注，每次拿出兩個小時，一小時錘煉靈魂，一小時鍛鍊肉體。因為閱讀學習的成效無法立即肉眼可見，容易讓人氣餒而放棄長期堅持，所以要給自己的腦部肌肉和大腦發展一個參考坐標。健身以七天為單位計算，基礎越差者越能體驗到肉體和精力立竿見影的變化，體能變化可感知，這兩者就可以拿來做對比，互為激勵。你知道健身的訓練效果會體現在肌肉變化上，你便也能理解一小時閱讀一定可以反映在思維上。雙引擎持續練習，你的大腦將像身體一樣美麗。這兩種積極的變化是一起發生的。意志力、專注力可以像肌肉一樣，經過後天訓練的。你需要做好充足的準備和決心：馴服天性，發現樂趣。

最後，還有三個小建議。

第一，做一個少年，決定自己是一個少年，決定自己不老去，成長的欲望強烈且持續不斷。這樣你才能夠知道自己還有多少盲點和未知區，才有欲望去突破邊界。我覺得我的內心一直是個少年，堅信還可以去很多地方，做很多事情，期待心流所帶來的樂趣。

第二，日程不要安排得太滿。管理時間最終的目的，在於獲得時間自由，還有靈魂自由。這要求我們在最短時間把不太想做的事情做完，為每日留出空白。當你把前面不情願做的事情辦完之後，便可以體驗接下來幾個小時可以隨意支配的快樂。空閒才能產生創造力，少年，給自己留出吃喝玩樂的時間。

第三，你需要一個能夠專注的、具有儀式感的場地。學習與工作的這張桌子一定閃爍著高級自我的光輝，有一種神聖的儀式感。

當我坐在家中書桌前時，那個高階的自我來了，「梁鳳儀」出現了，我是那個不一樣的王灕，我克服了懶和饞。坐在桌前的三個小時，我可以去往任何地方，我可以體驗高峰。這是一種自我暗示。如果大家暫時還沒有的話，找到這個場地，把這個地方整理乾淨，讓它非常整潔，讓它成為滿載你未來的一塊基地。

時間管理其實是精力管理、自我管理、目標管理雜糅在一起的效能管理。所有管理的前提，是清楚地認識自己、世界，設定目標，堅持執行，在當中發現巨大的樂趣。

意志力決定命運，讓我們都做那個延遲吃糖的小孩。滿足於現在，不滿足於未來。

時間永遠分叉，通向無數的未來。

—— 波赫士（Jorge Luis Borges）——

04

路徑 4

繪製你的命運地圖

《趁早效率手冊》面世的七年來，我都不太願意按部就班地「傳授」大家什麼方法。因為我覺得不存在權威的方法，只有對於具體使用者，對於每一個人最適合、好用、見效的方法。

那麼使用一個本子，在本上寫寫畫畫，怎樣才算好用、見效呢？在此，作為一個使用多年的用戶，我誠懇地告訴大家，手帳、手冊之類的東西，真的可以設計和改變人生，也真的可以做到向未來下單，可以階段性地實現夢想。

無論你是效率手冊多年的使用者，還是第一次打算借助這樣一個本子作為自己的日程管理工具，我都特別希望這一次你能夠跟隨我，來了解面前的這個本子究竟意味著什麼？

- 叫手帳也好，手冊也好，它從何發展而來？
- 到底是什麼人在使用它？
- 那些使用的人都做過些什麼呢？

在進入到非常細節、功能性的使用講解之前，我希望先聊一下手帳文化史，幫助大家獲得一些啟發。我們可以看看在別人的人生中，手帳到底發揮了什麼樣的作用。

接下來的使用講解，也許能讓你在學習使用的時候，思考得更深遠一些。

流傳至今的效能管理真諦

首先要介紹的這個人，他叫班傑明．富蘭克林。[1]

為什麼要講這個人呢？如果大家讀過他的自傳，就會發現，班傑明・富蘭克林可能是歷史上第一個有記載的，透過手帳來管理時間、管理人生、養成習慣的手帳「達人」。可以說，他是手帳文化的鼻祖之一。

富蘭克林為人熟知的身分有很多，他是一個跨界的天才。作為科學家，在電學方面做過著名的費城風箏實驗，還創造了物理學中的一些專有名詞，比如正電、負電和充電；作為發明家，他發明了避雷針；作為外交家和政治家，他參與起草並簽署了很多歷史上極其重要的文件，其中最著名的有《獨立宣言》……

任何一件事情的發展都離不開外部環境的影響。富蘭克林出生在美國波士頓，他只上過兩年學，十二歲的時候開始在哥哥的印刷廠當學徒。所以他有機會閱讀很多書，比如《人類悟性論》、《思維的藝術》、《蘇格拉底回憶錄》等。

閱讀量大了以後，富蘭克林開始嘗試寫作。有寫作習慣的人都會知道，寫作是一個和自己對話的過程。思考才是寫作，寫只是記錄的過程。我們所講述的龐雜的思想長河，寫下來的也

註1《他改變了美國，也改變了世界：富蘭克林自傳》，富蘭克林著，久石文化，2013
當談論意志力、時間管理、效率這些話題的時候，基本上都離不開富蘭克林，所以我推薦大家直接讀他的自傳。

只是冰山一角。在文字的背後，一定有強大而縝密的思考能力來支撐每一個字、每一個觀點的輸出。所以用現在流行的話說，富蘭克林可以算是十八世紀的部落客。

因為興趣廣泛，他寫的內容也很多元，小至釀造葡萄酒的方法，大至討論美國州議會推行的新政策。如果從結果來看，這一切外部條件，包括使用手帳，都奠定了富蘭克林取得一生成就的基礎。

他是怎樣使用手帳的呢？

富蘭克林在自傳中這樣寫道：

> 我想出了一個達到完美品德的勇敢而艱辛的計畫。我期望一生當中的任何時候都能夠不犯任何錯誤，我想克服所有缺點，不管它們是因為天生的愛好、後天的習慣，還是由交友不慎引發的。

富蘭克林列出十三條他認為非常必要的德行，這就是後來非常著名的「自我修煉戒律」：

1. 節制（Temperance）。食不過飽，飲不過量。
2. 慎言（Silence）。言必於人於己有益，禁止無益的閒談。

3. 有序（Order）。一切東西都有自己的位置；日常事務何時起、何時完，當有它們的安排。
4. 決心（Resolution）。當做必做；決心要做的事堅持不懈。
5. 節儉（Frugality）。用錢必於人於己有益，戒除浪費。
6. 勤奮（Industry）。勿浪費時間；每時每刻做有用的事，戒除不必要的行動。
7. 真誠（Sincerity）。不欺騙人；勿思邪惡，唯念正義，說話也應如此。
8. 正直（Justice）。不做有害他人的事，也不要忘記履行對人有益的應盡義務。
9. 中庸（Moderation）。避免極端；若受到應得的處罰，要容忍，勿發怒。
10. 整潔（Cleanliness）。身體、衣服、住所力求清潔。
11. 鎮靜（Tranquility）。勿因瑣事或無法避免的普通小事而驚慌失措。
12. 忠貞（Chastity）。不要縱慾過度，傷害身體，不損害自己或者他人的安寧或者名譽。
13. 謙遜（Humility）。仿效耶穌和蘇格拉底。

這十三條戒律，就像圖騰一樣始終指引著富蘭克林。他希望能夠養成全部的美德，基於這個強烈的動機，他想到了一個看起來有點笨，但是實際效果卻格外顯著的辦法。

富蘭克林認為，同時全面實行會分散注意力，他的策略是在一個時期內集中精力只培養一條，達到了一條之後，再開始另外一個。這叫作集中優勢資源，各個擊破。

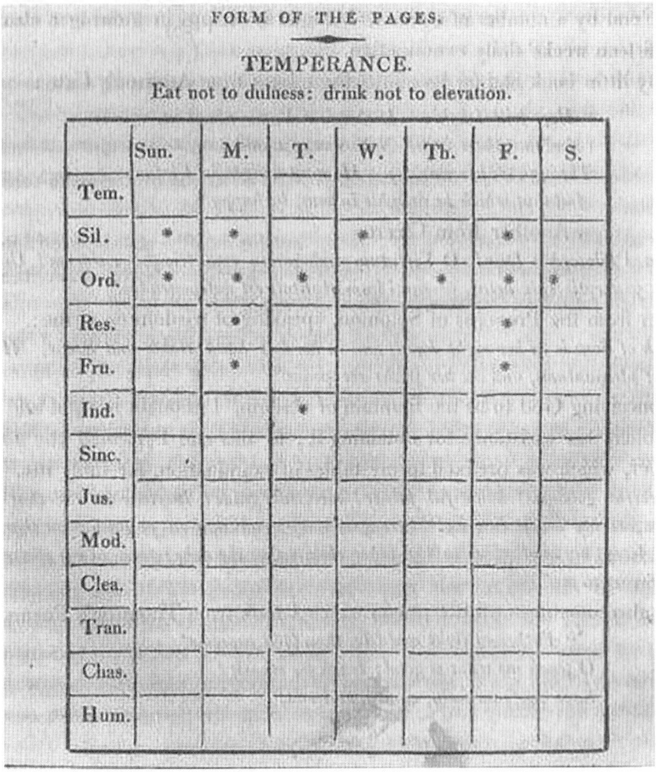

FORM OF THE PAGES.

TEMPERANCE.

Eat not to dulness: drink not to elevation.

	Sun.	M.	T.	W.	Th.	F.	S.
Tem.							
Sil.	*	*		*		*	
Ord.	*	*	*		*	*	*
Res.		*				*	
Fru.		*				*	
Ind.			*				
Sinc.							
Jus.							
Mod.							
Clea.							
Tran.							
Chas.							
Hum.							

富蘭克林德行冊中的一頁

歷史的一刻出現了。富蘭克林做了一個小冊子！

就像上圖所展示的一樣，每一種德行占用一頁，每一頁橫軸按照週一至週日分成七列，縱軸分成了十三行，每一行是美德的縮寫。在表格裡他用小黑點記錄這一天是否做到了這些美德。

富蘭克林是這樣管理這張表格的：他每一週只專注於培養一條美德。比如這一週的關注重點是「節制」，那麼在這一週裡，他將保證「節制」的那一行中不會出現小黑點，而對於其他的美德，只是在每天晚上記錄下有關的過失。之後，再把注意力擴大到第二條，盡力保證在下週內，前兩行是沒有小黑點的。

依次類推，直到最後一條。十三週為一個大循環，每年大概這樣循環約四次。富蘭克林就是用這個十三×七的表格，不斷細膩地修改著他人性上的種種弱點。

為了能夠讓生活更有秩序感，他希望給每一件事都提前分配好一定的時間。於是在這本小冊子中，有一頁二十四小時的作息時間表（見下頁圖）：

- 上午五點起床，問自己一個問題自省：今天我將有何收穫？
- 五至七點，起床、梳洗、向萬能的上帝祈禱、安排一天的事情，繼續研究，吃早飯。
- 八至十一點，工作。
- 十二點至下午一點，讀書、流覽帳單、吃午飯。
- 下午二至五點，工作。
- 晚上六至九點這個時間段，再次問自己一個問題，進行自省：今天我有什麼收穫？然後在這段時間內，把東西歸位，吃晚飯、聽音樂、娛樂、聊天。
- 晚上十點至淩晨四點是睡覺時間。

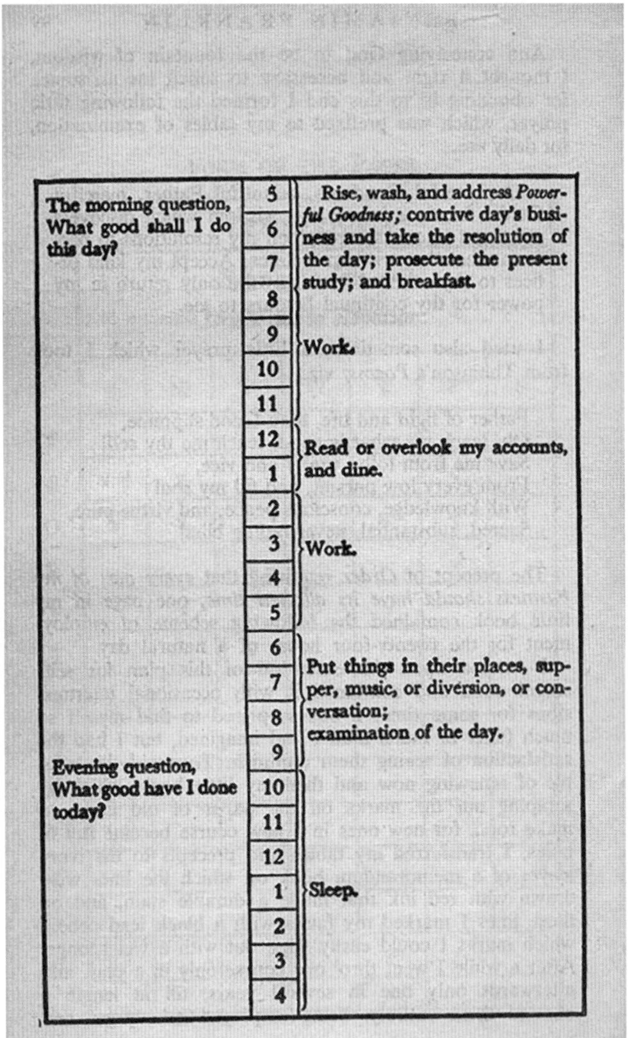

The morning question, What good shall I do this day?	5	Rise, wash, and address *Powerful Goodness;* contrive day's business and take the resolution of the day; prosecute the present study; and breakfast.
	6	
	7	
	8	Work.
	9	
	10	
	11	
	12	Read or overlook my accounts, and dine.
	1	
	2	Work.
	3	
	4	
	5	
	6	Put things in their places, supper, music, or diversion, or conversation; examination of the day.
	7	
	8	
	9	
Evening question, What good have I done today?	10	Sleep.
	11	
	12	
	1	
	2	
	3	
	4	

富蘭克林二十四小時作息時間表

我們一直認為成功一定有什麼神秘的秘笈，但是你看，真理往往是簡單的。富蘭克林的神秘之處，就在於他日復一日的重複。

富蘭克林這個本子運用得很好，由於他熱愛寫作，所以總結了很多語錄，他把計畫本和語錄匯合到一起，設計出版了一個帶著箴言語錄的計畫型日記本，叫作《窮理查年鑑》！

一七三二年，富蘭克林用查理．桑德斯這個筆名第一次出版了年鑑，它成為當時賓夕法尼亞州的熱門暢銷產品，全州幾萬人幾乎人手一冊！

我大概是在三年前才讀到這則故事，讀到的時候驚呆了！帶著自己寫的箴言語錄的計畫型日記本啊！多麼驚人的做法啊！

富蘭克林的《窮理查年鑒》連續出版了二十五年，以下是《窮理查年鑒》中一些比較經典的箴言語錄：

- 語言上的巨人，行動上的侏儒。（Great Talkers, Little Doers.）
- 吃是為了活著，但活著並不僅僅是為了吃。（Eat to live, and not live to eat.）
- 誘之以利，勝過說之以理。（Would you persuade, speak of Interest, not of Reason.）

這些句子後來都透過《窮理查年鑑》流傳了下來，可以說兩百多年前的富蘭克林就掌握了當時最有效的傳播手段，隨著這些手冊的使用，他的思想也進入到使用者的心智中。兩百多年前的《窮理查年鑒》在今天看來，絕對可以算是傳播學的成功案例。

關於思想的傳播，在《人類大歷史》這本書中，作者哈拉瑞提到一個觀點：人類在發展的過程中，之所以能夠創造出擁有數萬居民的城市、有上億人口的帝國，這裡的秘密可能就在於虛構的故事，包括國家、法律、金錢以及信仰。思想的傳播手段是人類社會發展中至關重要的一步。

富蘭克林的《窮理查年鑒》絕不是一個普普通通的本子，它是一種精神的載體。是富蘭克林把這種勤於思考的、有節制的、有追求的生活帶入整個賓夕法尼亞州乃至全美國。

大家也會問，我也喜歡樹立自己的信條，但我用腦子記不就行了嗎？但人類的大腦從來都不是儲存資訊的最佳設備，因為有以下三個原因：

- 人的大腦容量有限。
- 人類終有一死。
- 人的大腦只習慣於儲存特定的資訊，這些資訊往往是與生存相關的。

所以，我的榜樣、偶像——聰明的富蘭克林，用他的策略非常極致地解放了大腦，變抽象為具體，將一個本子變成了他自己的信仰，又用《窮理查年鑑》把他的思想變成美國賓夕法尼亞州居民的生活信仰。他借助這股力量，成為十八世紀耀眼的靈魂人物，他的思想光輝一直閃耀到今天。

穿越歷史的手帳

手冊和手帳，既是一種思考和生活的方式，也發展成了一個行業。既然是行業，就有它的文化、歷史和知識點。

大家可能會問，為什麼同樣的本子，有的地方叫手帳，有的地方又叫手冊呢？

《趁早效率手冊》之所以叫「手冊」，是因為我自己從十三歲起，使用的本子就叫作「效率手冊」，我媽媽送給我第一本的時候她告訴我的。那個時候的中國，這樣的管理型本子都叫作手冊。二〇〇〇年以後，隨著互聯網時代的到來，「手帳」這個詞從日本來到了中國。

對於我們現在詞彙中的「手帳」，如果查它的詞源就會發現，在日語的語境中，「手」代表放在手邊，隨身攜帶；「帳」代表備忘的小冊子。

手帳文化的出現不是隨機的，它有自己的歷史和發展方向。在富蘭克林之後的一百年間，手帳從美國傳到歐洲，又從歐洲流傳到日本，這才開始手帳大爆發。據記載，在日本最早使用手冊的人是福澤諭吉。

第一代手帳：懷中日記

日本的手帳評論家館神龍彥在其著作《手帳的文化史》[2]中說，日本手帳文化的開端來自福澤諭吉。福澤諭吉是日本近代比較重要的一位啟蒙思想家、教育家，被認為是最早將經濟學從西方世界引入亞洲的先驅之一。

一八六二年，日本派遣使節團出使歐洲各國，福澤諭吉也在其中。他耳聞目睹了西方世界的太多事物，包括醫院、銀行、郵政法、徵兵令、選舉議會制度……大腦裡已經裝不下了，在法國當地買了一本手帳，在這本手帳上做了很多筆記，然後帶回了日本。

在十八世紀的法國，巴黎人用手帳似乎是最順理成章的，因為藝術家眾多。當時很多藝術家都會隨身帶著一個黑色皮面的寫生本或者素描本，方便寫寫畫畫，這種本子沒有格子和內容，只有白紙。這支在歐洲的手帳派系，其特徵元素就是黑色、硬皮、白紙。燈塔（Leuchtuim）和 Moleskine 這兩個品牌，就屬於這支派系。

後人總結這一段起源，把福澤諭吉在巴黎買的這個空白本稱為「西航手帳」。

在西航手帳出現十七年之後，也就是一八七九年，出現了「懷中日記」。它是在明治十二年末由大藏省印刷局發行的。從字面上理解非常容易，「懷中日記」就是指袖珍型的、能放到懷中的日記本。這也是第一個由印刷局開始批量印刷的手帳。批量印刷意味著影響力擴大，說明其流傳度廣到眾多人都開始使用，以懷中日記形式出現的手帳的影響開始不可小覷。

比如明治二十年的手帳，共約兩百頁，內頁按照一頁兩天來記錄。每個月都會有計算收支的頁面。根據現在的分類，可以算是理財類手帳的分支了。

印刷局局長還為這個手帳寫了一篇序，講述了手帳的來歷。局長偶然從一個外國人那兒看到一個本子，發現這個外國人用這個本子來記錄日常，所以局長就依照那個樣子做了懷中日記。

·第二代手帳：軍隊手牒

緊接著，一八八二年日本出現了「軍隊手牒」，翻譯過來就是軍事手記。在每一本手記中，卷首的位置都印刷了明治天皇頒布的《軍人敕諭》，內容包括忠貞、禮儀、武功、信義和勤儉。用來管理和規範軍人的思想和行為。

讓我們穿越回十九世紀，那個時代還沒有互聯網。作戰時，每天的天氣和季節變化、地形條件、武器和食品管理、戰術配合等，這些都是影響作戰結果的關鍵因素。為了讓資訊有效傳

註2《手帳的文化史》，館神龍彥著，http://www.nttpub.co.jp/webnttpub/contents/notebook/index.html
這本書的作者館神龍彥為日本知名的手帳評論專家，對手帳歷史有非常深刻的洞見。

遞，軍隊手牒被廣泛應用。

那個時候的軍事筆記，功能已不再局限於資訊備忘。十九世紀初的第一次世界大戰期間沒有手機、互聯網和通信設備，人們要用這個手冊來幫助本國取得戰爭勝利。第一次世界大戰後軍事手記的影響逐步擴大。

從以上我們可以總結，手帳有兩個非常核心的功能：第一是傳播思想，比如日本天皇把敕諭寫在手帳前面；第二是幫助使用者執行任務。無論是大到軍隊這樣的作戰集體，還是小到士兵這樣的個人都用得上。那個時候手帳的核心功能就基本形成了。

假設我們每個人下一階段的人生目標是贏得一場小戰爭的勝利，那不妨自己給自己設定精神指引和制訂每一天的作戰計畫。一個人就是一支隊伍，一個人就是一支戰無不勝的小團隊，你怎麼使用手帳打勝仗，這個原理是可以借鑑的。

我們可以將軍事手牒看作第二代手帳。嚴格來說，這個時候的軍隊手牒的內容，包括軍人敕諭、個人基本資訊、軍隊編制等資訊，還沒有發展出日程欄。

・第三代手帳：年玉手帳

第三代手帳就是年玉手帳。我要特別說明一下年玉手帳！

可以說，年玉手帳與我十三歲時媽媽送給我第一本手帳非常相似。而且，我第一本手帳上就寫有日文，可以推斷，我人生中擁有的第一本手帳，就是年玉手帳！

在當時的日本，年玉手帳由公司分發給企業員工，其中匯總了對公司業務的相關說明，同時又預留了一些可以記錄的空白頁。每年的年初和年末，日本企業就會像發紅包一樣，給每一位員工發一本年玉手帳，這可以算是當時的貴重物品了。

從年玉手帳開始，這種設定目標並記錄執行的方式在日本廣泛地傳播開來，在日本經濟發展的高速時期，在電腦和手機出現之前，手帳作為最核心的工具，為日本經濟崛起貢獻了巨大力量。

尤其對公司來說，這不僅僅是一本普通的手帳，而且是公司精神和意志的實體體現，能夠讓員工更有歸屬感。

後來由於日本的泡沫經濟破滅，經濟蕭條、不景氣，各公司年玉手帳的預算被大幅削減。年玉手帳逐漸消失，社會對個人的庇護度下降。但是，個人的自由選擇度上升，人們發現即使公司不發手帳了，自己也可以自由選擇。尤其是人們不需要使用指定的手帳，更可以根據自己的需求選擇紙質、版式和封皮，於是手帳再次受到人們的關注。

年玉手帳是現代手帳的前身，現代手帳往往被視為一種效率工具，根據內容和用法的不同而被分成不同的類別。在日本，更是形成幾乎人手一本的手帳文化，有大量關於手帳活用術的書籍被出版。我每次去東京都要去銀座的伊東屋（Itoya），那裡簡直是全球手帳迷的天堂，一整棟七層的商場都在賣手帳，這絕對只有日本的強手帳文化才能做到。在日本，圍繞手帳，已經形成了價值四千五百億元的文創產業。

．第四代手帳：現代手帳

現代手帳主要以效率工具著稱，增添了日期、時間軸、排程和管理的屬性。隨著認知心理學、行為心理學的發展，手帳的功能也越發豐富了起來。現在的手帳是行為管理、目標管理的利器，是一個幫助我們實現目標和夢想，保持自我驅動和自我監督的系統管理工具。

從智人發展進化到現在，人類建立了燦爛的文明，比如宮殿、堡壘、紀念碑、廟宇等。而手帳見證了近代的兩百年歷史。

當我們從全域角度看手帳的發展史，會發現它作為一種工具，對個體人類的發展演化同樣有著不可忽略的戰略地位。當手帳滲透進你的生活，你更會理解一個人對人生意義的選擇、方向的確定和精神目標都會投射到每天、每月的行為上。

手帳從來都不是一個簡單的本子，它記錄著使用者的一生。我所見到的手帳愛好者們，無論他們的人生興趣是什麼，他們都借助手帳讓生活變得更豐富、更充沛。我和他們一樣，與其說是手帳愛好者，不如說是人生愛好者，我們太愛人生裡有限的時間和可能性，所以就一頁一頁地去實現。我們愛手帳，是因為我們愛人生。[3]

效率手冊

什麼是效率手冊？從字面拆解，「效率」即為單位時間完成的工作量。將「效率」用在「手冊」兩字之前，省略賓語「時間」，表示為「使時間更有效率」的手冊。

效率手冊和手帳又有什麼關係呢？

先來看現代語境下的「手帳」定義，廣義上，「手帳」是指有日期標識、用來記錄進程、裝訂成冊的一類紙質工具。

任何一門藝術，都擁有一整套一致性的美學邏輯。就像最初的繪畫是具有功能性的，那些岩壁上的畫是為了記錄、傳遞、表達。到了二十世紀初，繪畫的功能性逐漸讓步於純粹的創造，才逐漸出現各種流派的新藝術潮流。

當我們不僅僅滿足於簡單書寫，而是在紙本上將生命以時間區隔，全神貫注地構想與描繪，手帳開始變成了一種視覺表達的藝術形式。使用手帳就是借助顏料畫筆，透過繪畫、拼貼、

註3王瀟，《按自己的意願過一生》（簡），浙江文藝出版社，2016
是什麼動機讓我設計效率手冊？又是什麼樣的機緣讓我大規模生產和銷售手帳？為什麼會設計《趁早效率手冊》？在這本書中的「創業七年」一文中，我從創始人角度梳理了《趁早效率手冊》的誕生故事。這個故事也是我的創業和成長故事。

對手冊二次創作的過程。可以說手帳是記錄的一種高級形態，是底層思考和設計技巧的統一。這種形態下的手帳欣賞性更強。

在《趁早效率手冊》發行的七年裡，手冊的設計和工藝都在反覆運算，越來越精緻、好用。我對這一系列產品飽含著感情，甚至說是飽含深情，因為我懂得每一個產品對於使用者的意義。這種懂得，與《趁早效率手冊》的誕生故事相關，與我之前的人生緊密相連。

構想未來的稱手兵器

手冊至少要變成一件稱手的兵器，用久了，甚至能成為你商業計畫的夥伴，你文學和美學靈感的繆斯，所以要慎重選擇。

如果你是第一次使用《趁早效率手冊》，下面將會透過歸納和整理的方式來幫你解決使用效率手冊的困惑。如果你已經是多年的使用者，也建議跟著我從骨灰級用戶和業者的角度，以全新的視角了解各種可能的使用方式。當然，也可能你正在使用其他品牌的效率手冊，這裡的方法依然可以借鑑，好方法都是觸類旁通的。

・第一步，要選擇一本最適合自己的手冊。

手冊作為一種獨特的商品，它的產品形態已經非常成熟，可以滿足多種用戶的需求，種類也多種多樣：硬皮的、軟皮的、活頁的、定頁的等。

我用最簡單的方式，將手冊分為兩大類型：裝訂式手帳和系統式手帳。那麼這兩種手帳有什麼區別呢？什麼人適合用什麼手帳呢？大家可以透過下表中的幾個面向來比較衡量：

裝訂式手帳與系統式手帳的比較

	裝訂式手帳	系統式手帳
便攜性	☆☆☆	☆☆☆
填寫量	☆☆☆	☆☆☆☆☆
難易度	☆☆☆☆☆	☆☆
個性化	☆☆	☆☆☆☆☆
收納性	☆☆	☆☆☆☆☆

如果大家現在面對有著豐富的種類和顏色選項的本子，一定會非常迷惑，心裡會問：我這個人，我這樣的生活，到底應該用哪一種才好呢？

以《趁早效率手冊》為例。

從種類來分，趁早效率手冊分為四大種類，分別是薄本、厚本、上下半年本、口袋本。從顏色來分，現在產品線已經超過五十種顏色。從內頁樣式來分，可以分為日曆、月曆、年曆。

好的工具要匹配好的方法。我發現很多人，拿到一個手冊的時候，往往是一腔熱血，意氣風發。腦子裡可能像走馬燈似的，閃現著無數個特別好的想法：我要用它來做我的工作管理，我要用它來做育兒記錄，我要用它來寫日記等。

但是，當很多使用者真的打開效率手冊時，面對持續不斷、三百六十五天的未知空白頁，大家會慌張，會不知所措。所以我經常能夠在微博、淘寶評價下面看到類似的評論：每年都買，可是本本買回來都沒怎麼用過，好可惜呀，覺著沒得可寫。

如果你屬於這一類人，那麼你迷惑的根本原因是，你還不清楚自己使用手冊的真正目的。僅僅擁有一個強烈的購買動機——聽說用了人生會變好，會實現願望——還遠遠不夠。

那麼，首先要問自己：我到底是為了什麼才使手帳？

第一步，使用手帳要找到非常具體的目的，越具體越好。比如，你說：「用手冊當然是為了變得更好。」

這個回答可以，但你要繼續追問：我要在哪方面變得更好，在這方面的更好到底有多好，必須要同時有個心目中的時間表。沒有方向，就不能到達終點。

時間看得見，首先你要給自己時間。

手冊有一個優點，只要你開始使用，就能倒逼自己去理解目前的生活方式和目標。我們可以用在本書第一章裡做過的基礎工作，試著再問自己一次那幾個永恆的問題：

- 你要去哪兒？
- 你要怎麼去？
- 你將以多快的速度到達？

可以說，能好好回答以上幾個問題的人，現在已經都是使用《趁早效率手冊》的達人。

如果回答得不好、還沒想清楚也沒關係，因為成長本身就是在不停地思考這些問題。你可以先開始使用，在梳理日常生活的基礎上，一邊用，一邊幫助自己釐清。

先解決你要去哪兒的問題，講得更細一點就是：你想管理的到底是哪方面，工作、行程還是生活狀態？

關於「你要去哪」的問題，肯定是因人而異，這裡有一些選項可以供你參考。

用手帳可以做的事情：

- 日程管理
- 工作目標管理
- 工作日誌
- 個人專案管理
- 健康管理
- 寫日記
- 金錢管理
- 創意記錄
- 讀書筆記

- 電影筆記
- 育兒記錄
- 旅行筆記
- 飲食記錄

以上這些都可以透過有目的的、有時間的管理倒推完成。

・評估頻率

第二步，評估填寫量和攜帶頻率。

那你就要繼續問自己，是按天、按週還是按月來規劃自己的生活？

就像一個企業會做三年規劃，一個國家會做五年或十年規劃，你自己應該有什麼樣時間量級的規劃呢？我覺得理想越大的人時間規劃越長，至少三年。

我的建議是，落實到效率手冊上的時間管理單位，一定要細緻到天。不積跬步無以至千里，每天就是跬步，所以必須要有一天一天的微小積累，不然你寫三年或五年漫長而巨大的願望，都將無法實現。

下一步，評估填寫量。你需要知道，每天會有多少字被書寫在手冊上，我們可以用科學的方法計算出來。

舉個例子，比如說你是一個新手媽媽。新的一年，你的計畫是生一個白白胖胖的小孩兒。但是你不希望放棄自己，除了哄孩子餵奶，你不願意成為一個不閱讀、不學習的人。太好了，目標鎖定：你需要一個關於看書學習的計畫。

當然了，你也希望能夠成為一個好媽媽，能夠每天高品質地陪伴孩子。目標鎖定：你需要一個關於陪伴的計畫。

除此以外，也許你生完孩子，身材有變化，腰腹變得臃腫。目標鎖定：你希望能夠回到之前的魔鬼身材。

綜上所述，鎖定三個目標：你需要關於閱讀、育兒、健身的計畫。目標已經明確了，接下來你要確定自己要幹什麼，要達到什麼程度。

評估填寫量的科學計算公式：

未來的目標－此刻的現狀＝任務距離

任務距離÷你期望的達成期限＝日任務量

現在你三個最優先的階段目標是擁有更多知識、陪伴孩子、恢復身材。在閱讀、育兒、健身三個方面設定任務量。具體目標可以是讀完十本書、高品質地陪伴孩子、減肥十五公斤。你非常希望在三個月內同時完成，那就把任務分解到九十天裡，透過除法，算出每天必需的時間。

這就是非常簡單的投入產出、求仁得仁，你想多要就多做，少要就少做。

做多工對應填寫量大的手冊，做少任務對應填寫量小的手冊。這也可以說明一件事兒。如果你說你的效率手冊全年都是空白，那麼我就可以理解為，在沒有使用其他工具的情況下，你整整一年都沒有為自己設定增值和技能增長的任何任務，也沒有做任何執行。種瓜得瓜，種豆得豆，不種什麼都得不到。你對現狀和生活有任何不滿就不太合理，因為你沒做任何事情，你不做就不會發生改變。

我建議，即使只有一些你覺得老生常談的日常工作，也嘗試每天按優先順序把工作寫下來再完成，這樣慢慢進入狀態，形成習慣。形成好習慣後，你就能夠去問、去想、去做，習慣的力量是非常巨大的。

關於攜帶頻率，你可以透過想像場景來思考。你會在什麼樣的場景下使用這個手冊呢？

比如說，你在一個非常正式的談判會場，從包裡拿出手冊，記錄談判對象提出的合作需求；你早上到達公司後，泡一杯花茶坐下，拿出手冊，開始制訂今天的工作計畫；晚上回到家，你敷上一張面膜，非常舒服地躺在床上，從枕頭下面拿出手冊，然後開始寫今天的日記。這些場景都有可能會出現，每個人的用法不一樣，沒有標準規定。

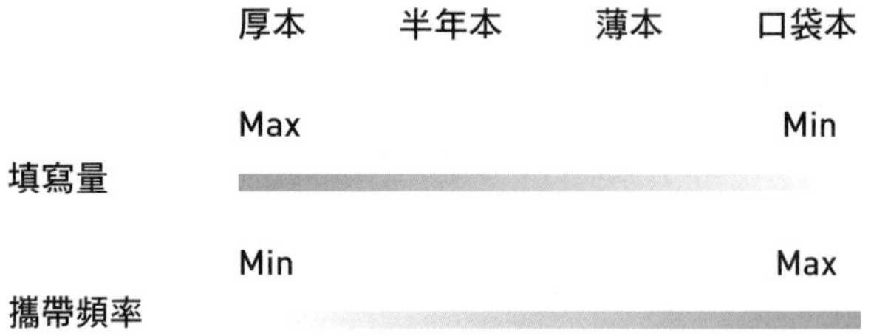

《趁早效率手冊》的選擇建議

《趁早效率手冊》分為厚本、薄本、上下半年本和口袋本，上圖是我們的一個選擇建議。

如果需要很多填寫空間，建議你可以考慮厚本；如果非常重視攜帶的便利性，你就可以選擇口袋本。當然，更多時候，你要進行綜合考慮。

・尋找心動手冊

第三步，按照自己的喜好直覺，尋找心動的手冊。這一步要選擇的方向度，包括手帳的外觀設計、尺寸、版面設計。心動瞬間雖然從一定程度上來說是不科學、不嚴謹的，但因為要天天將手冊放在手邊，選擇的重要原則就是喜歡。足夠喜歡非常重要，因為它會陪伴你一年，見證你的很多生活時刻，包括願望實現和夢想實現的時刻。

版面設計、紙張質感、封面顏色、手感等，都是非常關鍵的因素。每個人的喜好差別很大，所以我在這方面不多做建議。

可以幫大家整理一下思路，以下為部分關鍵的檢查點：

- 尺寸合適嗎？
- 內頁的格式是怎樣的？是否需要時間軸？橫線、點陣還是空白頁？
- 重量合適嗎？
- 規劃合理嗎？
- 封面設計如何？
- 是否能夠滿足日常的書寫、翻閱？

綜上所述，選擇手冊，其實是一個特別棒的觀察自己、向自己發問的過程，是一次梳理自己的過程。

我們每年啟用新手帳的時候，或者因為一件事情而使用主題手冊的時候，都會成為一個儀式。這是新生活和新自己的開始。每次看到那些空白的未來頁，都會感到激動，因為會有很多驚喜在未來等著我們去揭開、去實現。

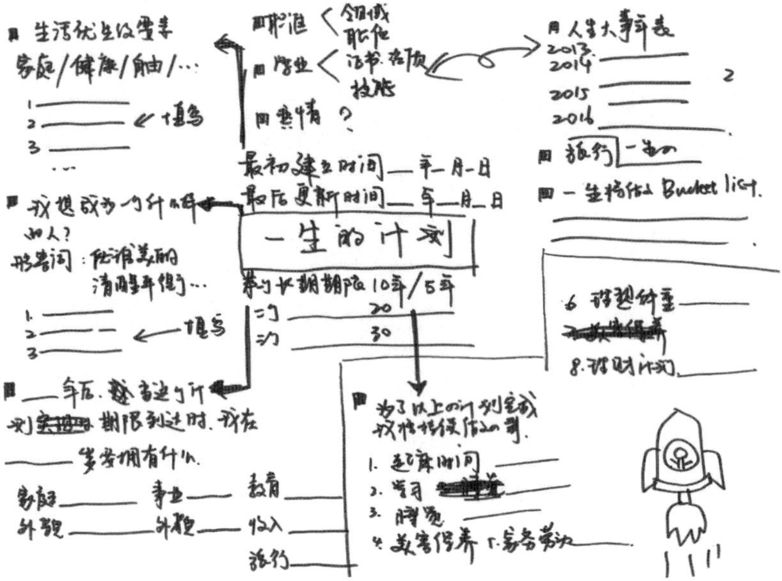

一生的計畫設計手稿

繪製命運地圖

填寫「一生的計畫」。

這是整本手冊的真諦，一切一切的源起。我非常珍視和深愛的是每一本《趁早效率手冊》印在最後幾頁的計畫，也是我高中時就震撼了表姐的計畫[4]，也是我二十三歲起就在電腦裡用word正式寫下的、每一年都在更新的計畫。希望大家都深吸一口氣，就像我當年第一次填寫那樣。請慎重地填寫它，因為它真的會應驗，會自證，會照耀和引領我們的一生。

《趁早效率手冊》使用建議的第二條：無論是否首次使用，在正式開啟《趁早效率手冊》之前，請先翻到最後「一生的計畫」部分，填寫或更新你的一生計畫。這是整個手冊的核心，因為有方向才談得上到達。

當然，也有人問我，如果我把我的夢想和很多小心機都填在本子裡，不小心被人看到，會不會不太開心？你可以像我一樣，選擇在電腦裡創建一個空白word檔，也請按照這個格式填寫。介面並不重要，重要的是一生的計畫中的夢想，你每天藏在心中的願望。

在正式開始之前，請再次用「墓誌銘生平法」來思考，在上一章我們提到過這種方法，但我希望你能夠在很多人生時刻不厭其煩地使用它。現在，我們來看怎麼把這種方法拓展到整個「一生的計畫」裡面。我們需要假設你來到了一生的末端，往回看的時候，你是誰？你想做什麼？

第一步，現在想像，你的一生已經過完。可能是八十歲、九十歲，醫療發達了也可能是一百歲。想像你有一個追悼會，有一個訃聞，有一塊墓碑，上面有一句墓誌銘。首先在上面寫下你的名字、出生和往生的年分。

註4王瀟，《按自己的意願過一生》（簡），浙江文藝出版社，2016

我成為計畫迷的原因，往回追溯，其中關鍵性的轉折人物是我的表姐，在她家度過的那個高中暑假是重要的轉捩點。關於表姐的故事收錄在《按自己的意願過一生》一書中。

很多人說這樣寫多不吉利，這樣寫多不開心。但不可否認人人都是向死而生的，無論吉利與否，出生和死亡這兩件事都一定會發生。時間有限，我們要做一生的計畫，就需要知道一生要有多長。以我為例，我的墓碑上會寫著：王瀟，出生於一九七八年，女性。她哪一年往生的呢？這麼勤於鍛鍊，我猜我身體素質不錯，也許我能活到九十歲，即在二〇六八年往生。通常你會比我年輕很多，可以寫二〇八八年或者二〇九八年。

然後，請寫一句墓誌銘。我的已經想好了：這個人，按她的意願過了一生。我非常喜歡這句話，因為它美好得令人心醉。

第二步，若我擁有九十年的生命，至今年（二〇一八年），我已經用掉了四十年。在剩下的日子裡，我希望怎樣書寫我的一生呢？接下來，我們要練習寫自己的生平。生平是什麼呢？就是別人在你的追悼會上宣布、朗讀的內容。

你希望別人怎樣評價你呢？你希望在一生結束時如何回顧自己呢？

我希望我的生平是：

我希望我是一個不錯的媽媽，讓女兒問問能夠獲得良好的教育，成為她自己；我希望我是一個好伴侶；我希望我在一生中出版十五本書；我更希望我經營了一家成功的企業，在我生命終點的時候成為一家無論在商業還是社會上都非常有價值的企業，其生產的產品和提供的服務能夠幫助五千萬人找到並達成他們的人生目標。

當我們對自己的一生有了淋漓飽滿的想像，才有可能倒推拆分到每一年，每一年拆分到每個月，每個月再拆分到每一天。這些都是靠生平來計算的。

為什麼我們要練習寫生平？因為在人生中，我們太容易被周圍的人蒙蔽雙眼。我們的親人，對我們來說很重要的人認為什麼應該做，什麼是重要的？或者是被虛榮蒙住了眼睛，認為我們應該買這個，我們應該爭取那個。只有我們在寫生平的時候，才能練習以終點的角度往回看，才知道什麼是最重要的。

在你即將結束一生的時刻，你閉上眼睛，腦海中出現人生大部分重要時刻的畫面，你希望出現的是哪部分？

如果你正在經歷一件煩惱的事情，這件事情在那一刻還會令你煩惱嗎？如果不是，你可以忽略它。在做抉擇的時候，眼下是退還是進？如果在生命最末，你沒有做這件事情，你會遺憾嗎？如果遺憾，就去做。這種思考方式幫助我寫下了我的生平，也幫我做了很多選擇。這是我們一定要做的功課。你一定要有方向，你的方向是可以量化的。

第一個需要量化的指標就是你生存的時間。

既然已經有了生存時間，接下來我們來練習切割。在每個十年我們都想完成什麼呢？從現在這一刻到你生命結束，試著將時間切分。然後你會發現，此後的二十年可能更為重要，真的能計畫出一些東西。

切分到十年以下，就可以轉移到「一生的計畫」這個戰場。

第一步，你要填寫最初建立的時間，就是今天，此時此刻。然後填寫最後更新的時間。如果你用電腦的話，最好記錄下每一次更新的時間，它能夠幫助你去對比每一次實現的差距和時間週期。每一次檔案都「另存新檔」，保存每一段週期。

我在開始的幾年沒有重視這件事，每半年、每一年更新的時候沒有「另存新檔」，而是直接覆蓋原檔。我非常後悔。因為我非常想知道不同時期所完成的任務效果，一年看不出效果，三年也沒那麼明顯，但是五年、十年過後，效果就會看得見。我們真的不要低估漫長時間產生的改變力量。也就是說，如果我保留下中間幾個年分的更改記錄，肯定會非常驚訝於自己的成長。保留你成長的痕跡，把它「另存為」新的檔案。

把留存人生的第一階段寫進來，我當時寫的是十年。計算一下，把預估的實現日期寫下來。量化你的願望，因為一切事務都有期限，寫下你心中的期限。

第二步，你要確定生活中的優先順序要素。很多人會忽視這一步，但它非常重要。你認為什麼要素優先，你就會在什麼方面花時間，最後你生命呈現的輕重次序就會是什麼樣。現在手冊中印有家庭、健康、自由、事業、朋友、學習、旅行等，是我本人的一些參考要素。第三步，你要寫下想成為一個什麼樣的人。這裡寫下的應該是一些形容詞，是你所想像的人生狀態、你對榜樣人格的一些描述，比如優雅美麗、清醒平衡、真才實學等。你無法堅持的時候，或者對自己的評價開始存在偏頗，又或者旁人的一句評價模糊了你的定位時，翻到這一頁，重新定義自己，你會得到非常確切的自我激勵。

第四步，你要確定在幾歲擁有什麼。從這一步起，你將開始煩瑣地細分，但我希望你一定要寫，這是你自己給自己的ＫＰＩ（關鍵績效指標）。目標必須量化，只有量化後才能切分。家庭、事業、外貌、教育、收入都是可以量化的。無論你嚮往什麼，一定要寫下來。想像力要大膽，把想像力之上的那個場景寫下來。只有寫下來，才有可能再向下切分到每個月，才能到每一週，才能到每一天。量化是一種手段。

這是你向若干年後的自己下的訂單。下訂單，意味著你要做交付訂單之前所有的工作。很多人問我有什麼信仰，如果我遇到神佛，我會對祂說，我拜託您能給我做完所有努力之後的運氣，我會做完我該做的一切。

第五步，確定為了實現以上的計畫你將持續做的事。在上一步中，我們把大計畫拆分到每一天，然後重新設計每一天的日程。這一步中的起床時間、學習內容、睡覺時間、理想體重，都是與你的優先順序匹配的。之所以列出，是因為我相信這是所有人都應該重視的。當然，這不是唯一標準，你也可以根據自己的優先順序，列出你喜歡的。第六步，你要寫下你的學業和職業生涯。這裡囊括的填寫項目非常具體，包括領域、職位、證書或資質、技能。不要認為它們很世俗，它們是我們前進的敲門磚，不妨透過努力得到它。我們得到了，我們看過了，我們覺得不過如此。但首先，只有得到，才有資格評價。

第七步，你要定下人生大事年表。這是在我表姐的故事中最為震撼的一部分。你有足夠的人生履歷的時候，就會發現，你的每一年都存在里程碑，每一年裡面都可能有你人生的決定性瞬間、你的黑天鵝事件、你人生的轉捩點。把它們記下來，是為了在以後的漫長歲月裡，它們能夠被你辨認出來。當你獲得一種能力，站在人生十字路口的時候、辨認自己人生潮水方向的時候，就會有比原來更多的掌控權。

本來我們對趁早手冊最大的期望就是，這個手冊是你的自傳，你要書寫它，當然你要編年。

第八步，你要寫下一生會去旅行的地方和一生將做的若干件事。尤其是一生將做的若干件事，你可以用清單的方式列舉你想成為的人、你想去往的地方、你想擁有的財富、你想去看的風景，並一件一件打勾。最後你會發現，引導你的並不是打勾的動作，而是打勾前一系列準備的過程和到達目標一瞬間的幸福感，以及奔赴下一個目標的決心和希望。這些將貫穿我們激動人心的一生。

至此，整個一生的計畫完成。無論你寫的時候有多麼艱難、多麼想不明白，都要努力寫下去，如果你覺著害羞臉紅，是因為你還是沒有掌握夢想的真諦。夢想就是要狂野，你先要能想到，才有可能去實現。當你寫完，你會發現效率手冊裡面的願望清單、讀書觀影清單、身體管理坐標軸，它們只是你的一生計畫向下的拆分。

只要「一生的計畫」完成，你就會突然懂了「我要去哪兒」。你做的每一件事情，只分為兩種：有利於完成我的計畫的事和不利於完成我的計畫的事。我們每個月都這樣思考，在手冊的月計畫頁中，我幫助大家梳理了趁早精神的三個面向：靈魂、肉體、金錢（詳見附錄二）。對於人際交往和每件事情，我們所做的計畫和決策，通常都會與這三個面向息息相關。

填寫「一生的計畫」只是一個開始，重要的是更新它。你會發現，你也會像當年的我一樣，品嘗到勝利的喜悅或者階段性的沮喪。你會發現，你的夢想太宏大，你竟然敢寫下這樣的夢想。沒關係，這些自我懷疑每個人都有，重點是你要找到方向，不停地前進。在願望到來之前，你就準備好了這一切。

一生的計畫

As long as you are dreaming, believing and doing , you can go anywhere and achieve anything. 這個計畫是我自 2002 年建立在我電腦裡的 word 檔，如果你是第一次填寫，建議完成後在電腦裡也建立這個表單，隨著成長，時時更新；如果你早已是趁早效率手冊的忠實擁護者，相信你已經擁有一套自己的一生計畫，現在就把它的最新版本寫到趁早手冊上吧！

最初建立時間

_____年_____月_____日

如果這是你第一次把你的願望全面文字化， 那麼這一天就是你人生中的歷史時刻

最後更新時間

_____年_____月_____日

這一條適合在電腦中填寫， 願望可以一 直更新，
很多年以後 ， 當你再拿來和最初建立時做比較，你會看到奇蹟

這個人生計畫為期

_____年

實現期限

_____年_____月_____日

你的願望一切事務都有期限，寫下你心中的期限；下面， 讓我們完成人生計畫表吧

我生活中的優先要素

在你價值觀系統的基礎之上，確立你所有事務的優先順序。即，在有限的生命中，什麼對你是最重要最寶貴的。這有利於在未來面對抉擇時，保持頭腦清醒。

參考： 家庭／健康／自由／ 事業／朋友／學習／旅行

1. ____________________
2. ____________________
3. ____________________
4. ____________________
5. ____________________
6. ____________________

我想成為一個什麼樣的人

閉上眼睛， 想像理想中的你自己和人生狀態 ， 然後用你能想到的形容詞描述出來。

參考：美麗優雅／清醒平衡／真才實學／不熄的靈感／懂得愛／擁有愛

1. ________________ 4. ________________

2. ________________ 5. ________________

3. ________________ 6. ________________

____年後，當這個人生計畫期限到時，我在 ____歲時將擁有什麼

注意，這裡將要填寫的一切都是量化的，這是你向你自己下的訂單，這一切你都將用你的精力和時間去兌換，因此所有內容要盡量具體。

家庭 ________________ 教育 ________________

事業 ________________ 收入 ________________

外貌 ________________ 旅行 ________________

為了實現以上計畫，我將持續做的事

以上大計畫向下拆解，落實到每天，你要為自己重新規劃生活概貌。不積跬步無以至千里，點滴努力正是這本手冊的精神，這裡填寫的生活方針將落實到365天，當你的理性控制自己的欲望，你會有一種非常有力量的感覺。

1. 起床時間：________起床，在此手冊寫下一天計畫；
2. 學習內容：________________；
3. 睡覺時間：________；睡覺／睡前閱讀________分鐘；
4. 健身：________次／每週；
5. 理想體重：________kg；
6. 美容保養：________________；
7. 家務勞動：________________；
8. 理財計畫：________________；

職業

我將會從事的領域：________　　我將會擁有的職位：________

學業

我將會取得的證書：________　　我將會掌握的技能：________

我的人生大事年表

縱觀自己的前半生，是在以怎樣的節奏前進。按年代回顧，填寫下每一年中轉折的事件與節點， 再寫下 201× 年你期待發生的轉捩點，這些點組成了你的整個人 生。

2015 年 ________

2016 年 ________

2017 年 ________

2018 年 ________

2019 年 ________

一生會去旅行的地方

寫下你想去到的整個世界

已實現的地方：________

將要去的地方：________

我一生將做的若干事

寫下你的終極夢想，用一生矢志不渝地去實現。記住啊，只有在死亡之前，我們才可以說我們的夢想破碎了。

____

____

掌握最簡易的招式

在市面上，關於使用手帳來進行時間管理的技巧林林總總、各成一派，人們看多了反而無從下手。在這裡，我只談最重要的原則——最低成本的認知原則，並且保證，在確認以下幾點之後，你馬上能形成一個自己的使用方法論。

・什麼時間寫？

確定兩個固定的時間段。比如，在每天清晨六點半到六點四十五分，計畫當日的待辦事項。在每天晚上十點半到十點四十五分，回顧當日計畫。

提前一週做出規劃。利用週末其中一個晚上進行思考，預估下週可能會開展哪些工作，提前做好工作時間、業餘時間的規劃，並且預留彈性時間作為補充。避免被時間催著走。

對於臨時插入的任務，若需要超過兩分鐘以上的時間去回應和處理，即刻寫在效率手冊裡。

・在哪裡寫？

在習慣養成期，建立一個只有你自己的私人場所。在踏入這個空間之後，集中專注力，在腦中提前模擬排練：接下來的二十四個小時，我要這樣度過。請保持這個空間的乾淨整潔。

在進入習慣固定依賴期，你會發現自己到哪裡都離不開效率手冊，離開則會心慌不安。你希望效率手冊永遠在視野範圍內。你隨身攜帶它。當別人看到它時，他也會收到信號：使用手冊的這個人一定非常專注、自律、可信任。

在十年之後，當你利用手帳成為時間管理高手的時候，就人劍合一，無招勝有招，你不再需要任何空間限制。

・寫什麼？

如果是新手，我建議將所有待辦事項都寫在效率手冊上。在熟練之後，五〇%的重複性事項都可以省略不寫。

寫在手冊上的待辦事項應該是一個動賓短語。動賓短語是由一個動詞與後面受動詞支配的賓語組合而成。例如：

修改海報設計稿（修改是動詞，海報設計稿是賓語）

寫活動策劃（寫是動詞，活動策劃是賓語）

準備同學的婚禮禮物（準備是動詞，婚禮禮物是賓語）

除了日常重複性事物外的每一個待辦事項，都應該有確定的開始時間和結束時間。開始時間就是寫下事項的那一刻。

如果有協作人，也要寫上具體協作人的姓名。在這一步中，寫下的事項越詳細，執行的效率和完成度就會越高。如果這個事項可能會持續若干天或在當日沒有完成，可以用記號筆標注出來，直到完成後再打勾。

可以將休息的時間寫進去。保持工作時間和休閒時間之間的平衡。要戰略式的休息，所以休息時間也需要有意識地提前規劃，包括每天工作的間歇休息和年度休假。

一次只處理一件事情。不要一邊開會一邊回覆郵件，不要一邊陪孩子一邊回覆閨蜜的微信消息。一旦開始這項任務，就要堅持一〇〇%完成。

捍衛你的時間。你可能需要與其他人協商來建立一個不被打擾的時段，如果有必要，提前告知其他人在這段時間不要打擾你。

．怎麼寫？

建議大家在使用過程中建立一套自己的標識系統。下圖是我使用頻率比較高的幾個符號。

標識符號

- 待辦事項。可以將所有大事和小事寫在這裡。如果任務比較複雜，建議拆分目標。
- 完成。在事情完成之後，在前面的方框中打勾。
- 取消或延期。總會出現不可抗力因素，導致不能順利完成任務。若取消，則在方框中打叉；若延期，則在方框中畫一個小箭頭。

文字、繪畫、拼貼都是記錄手段，可以任意選擇。永遠記住，在一生的計畫中，內容比排版重要，使用目的比形式重要。

在整個動物界中，幾乎只有人類進化出用於高級思考的器官、擁有讓計畫發生的能力。從原始人進化成現代人，從刻印在黏土泥板上的蘇美文字到書寫在效率手冊上的一行一列，我們始終與永不停歇的時間做交易，交換想要的一生。

效率手冊其實一點兒也不神奇，它只是一個用三百八十四頁、八十克紙張裝訂在一起的普通工具。只有加上使用者，也就是現在讀到這部分的你，它才會啟動，才會熠熠發光，才會發揮它的神奇作用。它成為你從出生到死亡之間的命運簿，你是你自己的司命官。

它是你生命的一部分。

君子以言有物，而行有恆。

——《易經・家人》——

05

•

路徑 5

實踐夢想的自我管理之術

•

這一章將以我本人為例，分享一個像我這樣要面對高強度生活和多場景的人是如何進行自我管理的。我是一個創業者、寫作者、媽媽，身分的多元使我面對著更複雜的時間與精力分配問題。當下，創業可以說是在所有生活方式中最艱難的一種。如果你也是一個身兼數職、背負責任且壓力巨大的人，以下的內容將對你有所助益。

選擇了創業，到底意味著什麼？

距離夢想更近，擁有更富足的生活，這些是創業成功才會有的結果。必須承認，這樣的結果是一個小機率事件。

一旦你選擇創業，可以確定的是：你的生活從此擁有了大量的不確定性。不是每個人都喜歡不確定性，因為它更接近危險，更容易引發恐懼，和我們自遠古的遺傳基因中對安全感的世代渴望背道而馳。

然而，也有人會發現，不確定性是非常迷人、令人渴望擁抱的東西。有極少數風險偏好高的人，認為人活一次，此生最大的魅力就是不確定性，而創業讓這種魅力增加了數倍。

你必須是一個發現了不確定性的魅力和決心擁抱不確定性的人，你獲得的激勵才能遠遠大於動盪所帶來的痛苦。我們接下來要談的事情，也都建立在這個基礎之上。創業只適合偏愛未知、風險、堅韌、驍勇的人，創業之路通往的是一個窄門。

如果你是一個創業者，面對各種面向、陸續發生的不確定事件，你要做出選擇。你要擁有解決問題之道，才能發現與掌握在不確定性背後的規律，將其中壞的規避，讓好的重複出現。

作為一個創業者，你必須堅信，任何一個問題都有解決辦法，而無論找出辦法的機率是十分之九還是千分之一，你的任務始終不變。

接下來要說的，就是在談及創業各個層面之前，創始人首先從自我本身出發、要去尋找的解決辦法。

二〇〇八年二月正式註冊公司開始，我創業的時間為十年。以下言論代表我個人的經驗和觀點，在我本人已經形成的思維方法和邏輯體系中被證實高度有效。如果你也是創業者，希望對你有幫助。

創業一定是「all in」（全押）的遊戲，既然整個創業生涯都將進入巨大的不確定性漩渦，需要堅持不懈地尋找解決方案，那麼首先審視的部分應該是什麼呢？應該是創始者本人——你自己，因為你是你的機會，你也是你的瓶頸。你是你的問題，你也是你的解決之道。

首先，一個企業創始人對自己的效能管理，即如何分配和利用時間、如何自我調控和休息、如何琢磨自身的差異化優勢，是公司最開始的核心競爭力。

人與人的先天能量差異是巨大的，我們常說的時間管理，實際上是對單位時間內生產能力的管理。創業者單位時間的勞動生產率、思考認知能力、學習能力、溝通能力、解決問題的能力，都是企業競爭力的核心。就像經常說的，「連自己的身材都無法管理，如何管理自己的人生」的道理一樣，創業者只有能夠管理好自己的效能，才能進而管理好團隊的效能。

接下來，我將從七個角度探討創始人自我效能管理的問題。

要記住，創業是人生的賭徒之旅，是和時間的賽跑。在整個創業歷程中，面對不確定性，擲骰子的機會是有限的，並且是永遠指向資源消耗的，資源永遠是缺乏的，無論是時間、智慧，還是金錢。

你必須在趁早了解自己的基礎上，做出最適合自己的選擇和行動。以下是創業者在自我效能管理上，要面對、處理和解決的七個問題。我們也要知道，創始人本身不光只是單純地解決問題，更多地的是面對和處理問題。

解決你的優先順序問題

很多人會說，優先順序的問題可以用緊急和重要四象限來劃分，在創業過程中，當然將創業放在第一位，把每天的夢想拆成ＫＰＩ填進四象限，就是優先順序管理。

我認為這個思路大致無誤，但這是第三步。從創業者本人的角度出發，前面還有兩個非常重要的步驟需要完成。不然，你會發現，你走得越遠，你自身帶來的阻礙越多。

你需要確定，對自己來說，生活中哪些是必然正確的選擇。比如，鍛鍊身體和閱讀。在任何時候這樣做不會錯，不會晚，不嫌多。

我認為，鍛鍊身體、保證作息和飲食，尤其針對情緒的調整和管理，都是非常重要的事情。身體是你的創業之本，處於優先順序的首位。

創業是一條長路，誰也不知道究竟多長，如果你是不確定性愛好者，那麼幾乎可以斷定這條路將到達你生命的終點。因此，你需要足夠長的時間、足夠強韌的心力，你的身體必須好，這點是基本前提，這非常重要。

健康的身體和心智是你的基礎成本，其次才是時間、智慧、錢和資源。面臨攻城—失敗—再次出發—再次攻城，你要做好足夠的準備。

因此，在你的時間表中，排在優先順序第一位的是身體和心智，應拿出時間，以科學研究的態度專注於身體問題上。記住，做這件事不會錯，不會晚，不嫌多。

請你拿出效率手冊或者日程計畫表。

無論你如何安排你的時間表，在優先順序的第一位，將鍛鍊時間和休息時間填寫進去，並且要保障時長和頻率。至於具體的時間和頻率，要根據你自己的情況。比如由於遺傳，你每天睡四個小時，每週鍛鍊三次就可以保持良好的狀態，那麼你按照對自己的了解進行計畫就行。

對於創業者來說，鍛鍊身體已經超越了愛好，是必須做的功課，與學習行業知識一樣重要，與現金流一樣重要，這是你的能量流。

如果創業讓你感到焦慮，你必須找到自己獨有的緩解焦慮的方式，並且留出緩解焦慮的時間來化解焦慮。

鍛鍊身體和排解壓力是創業的一部分，而且是重要的一部分。你創業的必要條件是活著，而且是生機勃勃地活著，比非創業者的能量要多、要大。創業者要同時點燃自己和團隊，你要像燃料那樣活著，所以你首先要具備充足的能量。

努力保證睡眠，將提高睡眠品質和保證睡眠時間當作重要的目標來追求。你的睡眠品質和睡眠時間也在優先順序之內，因為睡覺是創業過程中的一部分。

我為自己設計了創業主題手冊來做創業日程和精力分配的規劃，這個工作手冊是非常細密和偏執的，適合我這樣的創業者使用。

・第二步

這一步終於講到創業本身了，但不是馬上講到實現戰略和夢想的問題，而是將時間分配給解決企業如何活著的問題。讓公司活下來是第一要務，因為活著就是一切，就是希望。

在創始人自我效能管理方面，你既要管理自己用多長時間仰望星空，也要管理自己用多少精力腳踏實地。你要充分琢磨眼下的生存問題，看現金流量表能讓公司活多久，確認每個月的收入支撐是什麼，如何落實計畫。你要每天花時間研究成本結構，研究減少變動成本的可能性，研究降低成本來獲取用戶的方法。

作為創始人，在企業的現金進入健康迴圈之前，你要親自查看財務報表，要親自落實重要的專案。

你要專注於當下你可以銷售的產品，專注於尋找使用者。無論創業是緣於什麼，創始人都要擁有從頭好好做生意的心態。所謂好好做生意，就是想清楚把什麼東西用什麼方法賣給誰的基本思路。這個思路是簡單、樸素、直接的，必須由創始人自己想清。

在思考了生存基本保障之後，你可以開始思考夢想。思考什麼是應該放棄的、次要的東西，放棄它，你才能集中精力來追求最重要的東西。你不得不每天在夢想和現實之間來來回回，因此你需要為夢想和現實都留出時間，在你的效率手冊上寫下確切的時間。你可以透過閱讀、對談、計畫來完善夢想，為夢想做筆記，更新大膽的思路並寫入商業計畫書。

否則，只有夢想，你會無法落實，你就是無米之炊；只有現實，你會狹隘，你會終日忙碌。

思考夢想最好的兩個時間：一個是午夜，另一個是清晨。我的經驗是在午夜，可以讓夢想狂野，讓你充滿幻想，這時候會湧現出讓你一生的計畫和商業計畫書煥然一新的想法。清晨可以讓你振作和務實，你可以用這個時間寫下執行方案和分工方案。

因此，創業者可以訓練自己在早晨及晚上養成寫創業日誌的習慣。創業日誌就像長跑者腳下的每一塊磚，積累添加才會見效。

晚上狂野，你就「放」，寫演繹，寫想像；早上務實，你就「收」，寫執行，寫歸納，寫落實。

創業者還應該重視兩種時刻，並為自己特意留出能產生這兩種時刻的時間。一種是交談和腦力激盪的時刻，另一種是閱讀的時刻。閱讀其實是另一種交談。將瞬間的靈感記錄下來，將啟發和激盪你的觀點迅速更新到日誌中。每週你都應該在優先順序上做這樣的安排，而不是一味低頭創業。

・第三步

創業必然包括設計遠景目標和兌現夢想。如果你對計畫和時間管理有些經驗，這時就可以用上四象限和甘特圖等工具了。你需要為自己的專案設計階段表，從大目標逆向倒推，倒推到每個月甚至每一天自己和團隊的KPI。這個時間表和企業的成長節奏、融資里程碑都息息相關。

你可以像那些勤奮的創始人一樣，在每天早上開列自己的清單，包括找人、找錢、找資源、回覆郵件和激勵員工等。

如果公司剛起步，你還需要找到親力親為和授權給別人之間的界線。在這一部分，每天會有大量的不確定性衝向你，帶給你驚喜和失望，希望點燃又破滅，來來回回。你需要的是堅韌和執著。在這個階段，吃苦和勤奮是最划算的，是除了錢之外可以反覆押上的籌碼。你付出的是你的體力和腦細胞，所以排在優先順序第一位的身體和心智部分隨著這層面的開展變得尤為重要。

優先順序的第三步，是你要透過管理自己去管理公司。這和公司的主要驅動力、管理風格都密切相關。比如，你判斷公司的主要驅動力是什麼，你就需要按照自己對管理公司的判斷來分配時間。只有透過足夠有效的推動，你才能測出你對公司的各種判斷的有效性。

比如我在使用創業手冊時，會把內容進行分類，分別是錢、人、資源、產品和日常管理。事實上，企業在每個時期的重心是在變化的，因此你在每個時期的工作重心也要隨時變化。

根據對工作重心的判斷，創業手冊中的每一欄都有每天的功課。你要發誓，一定要往當天的目標推進。每天的最低限度是一定要向前跨進一步，哪怕只是一公分。不積跬步無以至千里，這就是創業。

你要踏著造物主的時光刻度，一格一格地完成。你要堅信，未來的成果，就是現在所做的一切事情的回報。

創業是圍繞信念所展開的一系列行動。

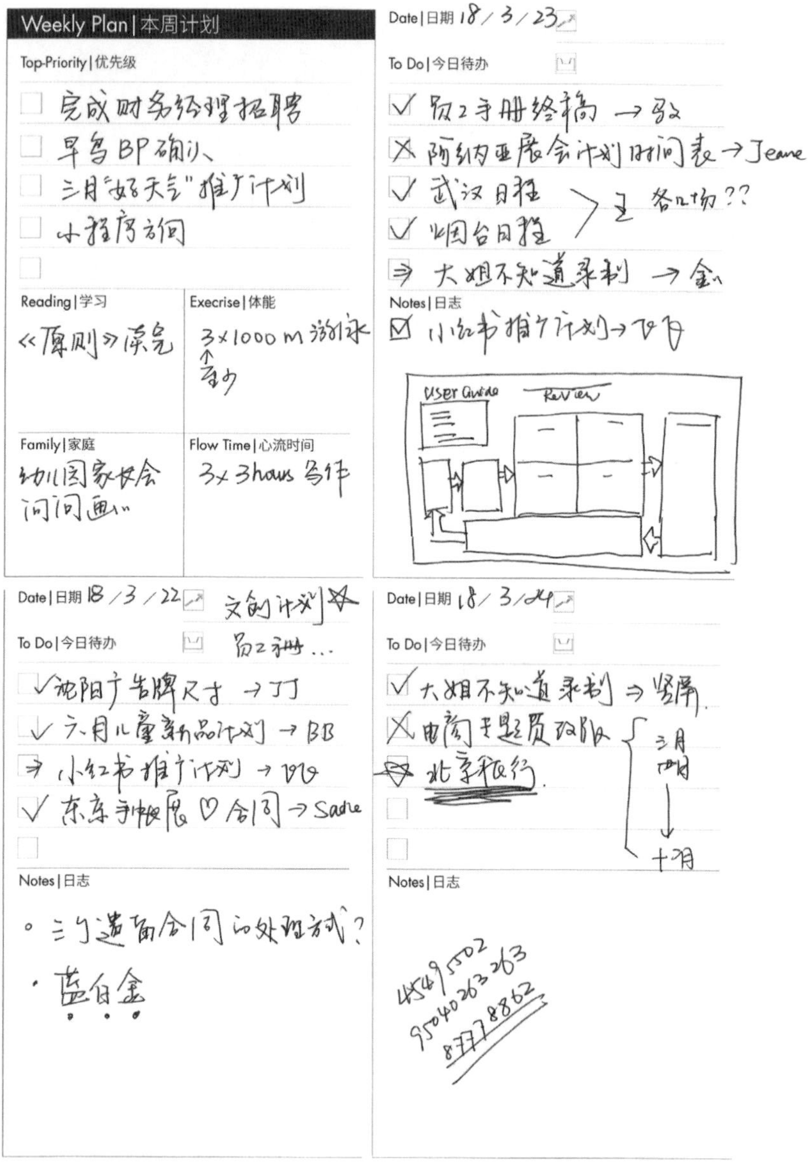

創業手冊設計手稿

面對你的貪婪和恐懼

以上我們解決了優先順序的問題，實際上，優先順序的問題需要建立在一個假設之上，這個假設就是：創業者本人是足夠理性的。足夠理性，才能客觀看待自己，包括看待自己的身體條件、對企業驅動力和判斷工作重心的能力。尤其是在執行層面，一旦認定了就去做，並使用最科學的方法，這是最理性的執行。大家常說，創業者最需要的不是理性，而是激情。其實，激情是一把雙刃劍：一方面，激情會讓人產生高效能；另一方面，激情也是情緒的一種，但凡是情緒，就會影響人的認知和判斷。

建立自我效能解決方案的目標是能應對各種迎面而來的不確定性，而我們自身的人性在面對不確定性的時候所產生的各種情緒是最難把握的。創業者的核心工作，就是在自己的貪婪和恐懼中，不停地面對一系列的不確定性，並及時做出一系列的風險決策。

因此，創業者有一個常年的功課要做，那就是不停止地練習和掌握自己專用的基本決策工具。

重點是要研究和掌握自己專用的基本決策工具，聽來的、複製來的都不算，因為人與人之間的區別，公司與公司之間的區別都太大了。

比如做金融投資的人會有專屬自己的演算法和公式，因為每個人基於不同的認知所偏好的演算法和公式也有區別。假如人生是一場機率遊戲，那麼我們一連串的選擇決定了最終結局。查理．蒙格在評價巴菲特時，說巴菲特也只是在一生中做對幾次選擇而已。每個人的一生都是在不停地做選擇，無論是主動的還是被動的。創業者的人生，必須是不停有意識地練習做選擇，公司的命運往往都是其中幾個關鍵性的選擇決定的。

我特別認同電影《教父》中的一句話——每個人的幸運都是他自己選擇的結果，就像他的不幸一樣。

每個人都有自己偏好的基本決策工具，只是有的人意識不到自己有一些決策工具罷了。比如說以下表單（見第 146~148 頁的三種清單表格）。

舉個開玩笑的例子，當人們遇到事情，開解自己的時候會說：「大過年的，來都來了。」這就是一種容忍犯錯和沉沒成本的常見決策工具。

和大多數創業者一樣，我常用的決策工具是基於行業資料和規律的計算。對於具體產品，要對成本、時間、執行難度和複雜性進行預估；對於一個專案，要在大趨勢下對風險控制進行論證。在展開這些工作之前，一個很重要的步驟是解決情緒干擾問題。

在創業中，有一個很重要的能力，是在任何選擇面前摒除情緒和其他干擾，從而理性選擇最佳路線。這種能力要建立在對人性的弱點、自己的特點以及市場和規律盡可能充分了解的基礎之上。腦子一熱、意氣用事、情緒化、慌張、恐懼等各種複雜情緒的交織都會影響決策。

理論上，創業者的資訊收集能力和全域觀越強，在每次做抉擇時去除情緒的能力就越優秀，多次選擇的累加就越趨向於商業成功的結果。真正卓越的創業者應該精於計算並且冷血，類似於AlphaGo（Google發展出來的人工智慧圍棋軟體）的存在。

因此，創業者在自我效能管理中的重要一環，就是先覺知自己的貪婪和審視自己的恐懼，然後盡可能擺脫情緒化決策。將帥之才需要在戰略上激情，在戰術上冷血，這樣才比較容易打勝仗。

身體狀況和睡眠品質會給情緒帶來嚴重的影響，因此我們前面說過的優先順序的身體部分非常重要，你會發現你創業的心力和韌性很大部分竟然源於對體能極限的自信。在創業過程中，你要學會休息，掌握自己的身體信號，利用優質的時間和進行有效的休息。你需要了解自己睡幾個小時才足夠，知道自己是擁有那種睡四、五個小時就夠用的精力過人基因，還是在透支生命。你需要訓練出符合自身的快速休息方式，有的人快速打盹兒就可以充電，有的人在車上、飛機上就可以獲得優質睡眠。比如，我比較容易在美容和按摩的時候獲得優質睡眠，我就會特意保留出這個時間讓自己休息。這樣既是為了體能和健康，也是為了調整情緒，從而讓決策更準確。

我還會使用的一個好方法就是寫下來，在面臨選擇之前，用白紙黑字寫下我的貪婪和恐懼，貪婪就是我想要的收益和機會，恐懼就是我怕產生的損失和風險。將貪婪和真切的夢想與

Start With Why

为什么清单

Project | 项目

Why	What

How

為什麼清單

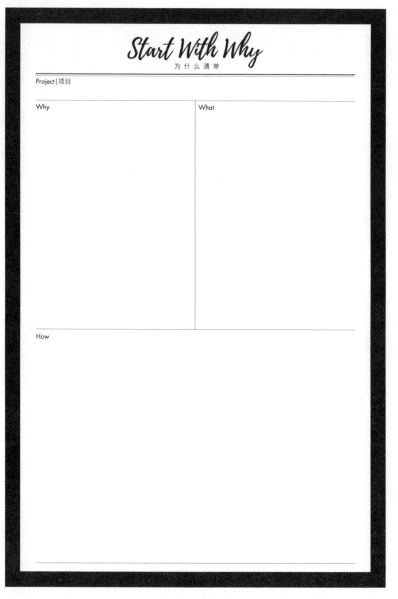

Top-Priority
优先级清单
1.
2.
3.
4.
5.
My Issue Log
我的问题日志
Description | 问题描述
Action Required | 解决对策
Status | 状态
Growth Tracker
增长清单
增长目标
时间
To Read
读书清单
Book | 书籍
Comments | 书评
Rating | 评价
Not To-Do
不做清单

執行清單

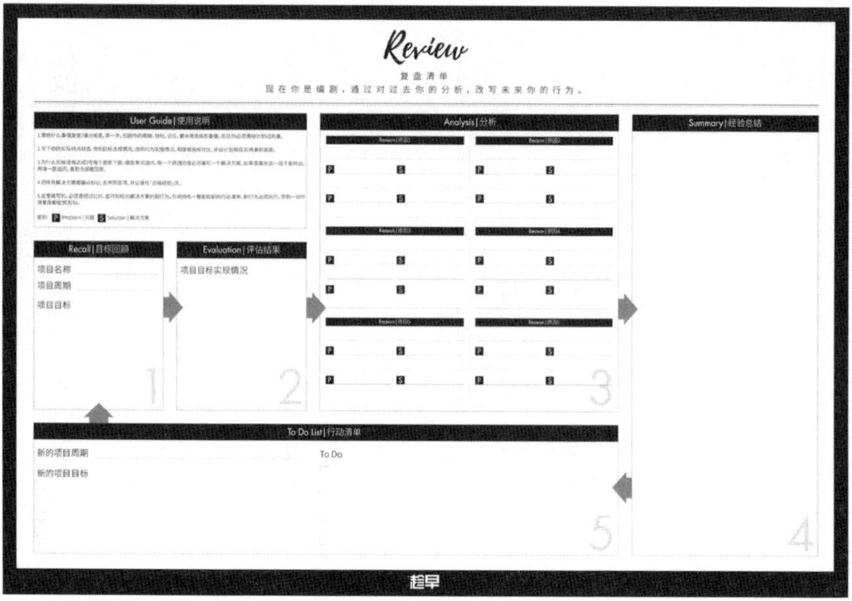

復盤清單

使命做比對，問自己：是真的想要，還是虛榮和投機讓自己想要？

將恐懼和他人的評價做比對，你感受到的是失敗的恐懼，還是沒有出手的遺憾？請反覆把自己置於場景中想像，體驗代入後的情緒。

然後要寫下形容詞來描述當下的情緒，並給情緒評分：從-10到10分。0分表示平靜，在-3分之下，3分之上的時候不做決定。其實談戀愛和結婚、離婚同理。這就是為什麼重大決定不要在午夜的時候做，不要在失眠或喝酒之後做，不要在和其他人徹夜長談之後做，要在白天做，要站在陽光下、讓陽光照在你臉上的時候做。

在情緒特別強烈的時候，創始人也要尋找辦法幫助自己平靜。尤其是當出現憤怒、狂喜、嫉妒、悔恨等情緒的時候，必須訓練抽離和旁觀的能力。

在這裡我想特別強調一點，創業是為了讓創業成功，不是為了感動自己或成為悲情英雄。有的創業者會用悲劇感和決然感來自我美化，代入絕地反攻、背水一戰的故事去做決定。英雄要打勝仗，英雄都是在勝利之後被追認的。你必須完成故事，才能成為英雄。你的關注點必須一直在打勝仗上，在這之前，不要去看自己落寞的背影。

選擇創業，面臨不確定性，當然會獲得超乎平常生活的體驗，但體驗過程是不為人知的，商業成功是唯一的結果。所有決策只分為兩種，有利於商業成功的和不利於商業成功的。在判斷的時候，只做這兩種判斷。

當我的情緒出現時，我常用的辦法是抽離法，比如看宇宙天體的紀錄片或者地球的紀錄片，變換格局和視角，告訴自己這都不叫事兒；我還知道有人是去墓地，體驗終極視角，讓自己抽離，用更長的時間線或者更大的視角來做決定。死生之外本無大事。

作為創業者，我習慣於專注未來，在平常不喜歡回憶過去。為了調節情緒，我會回憶上一個時期或者是幾年前的自己，告訴自己今天面臨的痛苦和困難是我選擇的結果。困難是不會停止的，但今天的我面臨的是更高層面上的困難。隨著我的升級，困難也越來越高級。今日的困難之大，在當年是不敢想像的。因此，我依然會獲得一種具有進階感的判斷，這也是成果的一種。我預謀了更大的困難，是因為我曾經渴望更大的困難，當然，我最渴望的是戰勝困難，那麼我最應該做的就是戰勝它。我的情緒會轉化成鬥志。

還有的創業者會找人聊天喝酒。找人聊天也許管用，但建議你與經歷相似的更大格局者聊天，否則容易變成無謂的傾訴和發洩。我個人不主張發洩，而是主張用昇華和抽離的處理方式。心要大。本來創業的理想重點是指向自由的，努力讓自己自由，哪怕在最難的時候也是。

當然找到格局更大的人聊天是很難的，創業越到後期越難找，所以創始人是孤獨的，這種孤獨包括個體孤獨和戰略孤獨。

你終究孤獨

說到孤獨，我們看到很多創業者都罹患抑鬱症，這和孤獨是高度相關的。

人都是孤獨的，在獨處的時候孤獨，在熱鬧的時候也孤獨，永世孤獨。真要說起每個人的孤獨，需要有足夠的時間和場景慢慢咀嚼、細細體會。也就是說，孤獨從根本上是沒法解決的問題，只能儘量將其最小化。

一旦創業，創始人的孤獨要在個體孤獨之外，再加上一個「戰略孤獨」，無論你去哪兒或者不去哪兒、想怎麼去，都無法真正再與誰說明。投資人、用戶、團隊，都只能知曉你的一段或者一面，所以從這個角度來說，在創業的時候有合夥人會好很多，有人同行，凡事有人商量，至少在公司的決策層面上，可以用多視角來觀察事物。

對於處理孤獨的問題，在我的經驗裡最好的辦法是：第一，接受孤獨的事實；第二，給自己加戲，就像清華大學人文社會科學學院政治學系副教授、知名作家劉瑜寫的那句「一個人要像一支隊伍」一樣。

無論創業與否，這一生，都是要自己陪自己走的。既然創業了，就更極致一點，自己除了是公司的CEO之外，自己也是自己的CEO，自己是自己的健身教練、營養專家、心理醫生和知心好友。「修身、齊家、治國、平天下」，既然敢創立一個公司，從無到有，到進行A輪、B輪、C輪融資，難道還管理不了自己、陪伴不了自己？必須得行啊！所以一人分飾多角，自己探討、陪伴自己。你必須豐富、強韌、有趣，在獨處時也興味盎然，在聚會時你是燒腦中心，在布道時光芒萬丈，這才算是一個靈魂創始人啊！

你創業了，你是創始人，你註定要成為極少數的人，如若別人都能看懂你，都能理解你，那他們就都成為你了，那你還怎麼成為獨特的極少數，怎麼成為靈魂人物呢？因此，創業者之路就是極致的孤獨之路，不然呢？

但是，同樣是孤獨，創業者必須有個異於常人的地方，就是明知人終究是孤獨的，你也要盡力去溝通、去傳達，讓你的用戶懂你，合夥人懂你，團隊懂你，投資人懂你，一遍又一遍去溝通，不能懈怠。哪怕你其實是內向人格，對人與人之間的「懂」持悲觀態度，也要用語言、文字和行為，不知疲倦地去傳達和影響周圍的人。你要傳播，要點燃，要燃起星星之火。你是漩渦的核心，你是原始作用力，你不宣傳，就沒人替你宣傳了。

我們在前面提到了創始人的理性，什麼是理性？就是你的內在是孤獨的，為了創業，理性告訴你，外在的功課也要做，這是創業的需要。

但是，必須處理孤獨，不然你會出現問題。

當孤獨讓你情緒化，尤其是接近自閉、絕望和崩潰的時候，你必須主動地尋找解決辦法，哪怕是尋求心理醫生的輔導。

首先，讓自己進入高度專注的心流，通常是處理孤獨的好辦法。比如看電影、聽音樂、閱讀。我也經常求助於寫作，尤其是閱讀後被激發出的寫作欲望對我的啟發式思考是立竿見影的，我本人很喜歡被作者的觀點和文字所激發出的感情。雖然我沒有和作者面對面交談，但在那些時刻是絕對不孤獨的。

其次，與合夥人和團隊深談，努力溝通創業中的實際問題，這些問題的進展會帶來最直接的快樂。歸根究柢，創業者的孤獨源於迷惘、自我懷疑和個人承擔的巨大壓力。治療孤獨的最大良藥就是打勝仗。打了勝仗，什麼病都沒了。

我認為創業者出現的孤獨都應該是戰略孤獨，而不是文藝孤獨，更不應該是終極意義孤獨。終極意義的問題應該早就在創業決定期的價值觀層面就解決了。或者說，難道創業這件事不裹挾著你的人生意義，不帶有你來到這世間的使命？如果你的答案是否定的，那可以說你的創業也非常危險了。

我認為創業者的邏輯越一致，越容易成功。你是誰？你要去哪兒？你為什麼出發？不解決這些基本的人生問題，你會缺乏底層心力去面對未來的大量問題。我們常說的一個詞，叫莫忘初心，什麼叫初心，它不是一個很文藝的東西，而是一個很哲學的東西。

文藝孤獨的原因是美感缺乏共鳴，戰略孤獨的原因是缺人一起指認前路。我個人認為，創業者如果出現了文藝孤獨，那麼可能是因為創業還不夠極致、不夠專注。在具體問題面前，實在很難有時間文藝孤獨。

如果是文藝青年創業呢？文藝青年在創業的時候，比如做消費升級類產品，也不用總是埋怨市場和用戶不懂你。市場和用戶就是因為美感不如你，才需要你引導啊，大家都和你的認知一樣了，那還需要你引導幹什麼，還需要你提供什麼產品，還消費升級什麼呢？就是因為市場有需求，才有你創業的機會，不然還有你什麼事兒呢？

趁早是我的第二次創業，第一次創業我是做商業設計公司，後來轉到公關互動公司。之前我在做商業設計公司的時候，就遇到過類似的問題，客戶要求修改稿件，我就不生氣，因為他不如我，他才需要我的服務。當時我們還幫客戶設計過店面的牌匾，真心覺得滿街的店面牌匾都好醜。然後當我去巴黎出差的時候，我就想，多虧我們在北京做商業設計，如果是在巴黎，家家戶戶的美感都這麼好，我開商業設計公司就餓死了。所以心態很重要。你孤獨可能是因為你優秀，猛獸總是獨行。

剛剛提到了終極意義孤獨，我本人還有一個好辦法來解決戰略孤獨。由於我的戰略孤獨會伴隨著在創業道路上、在具體選擇面前的自我懷疑和迷惘一起出現，因此我會從頭梳理我的出發點。我會持續問自己以下幾個問題：我是誰？我要做什麼事？我要怎麼做？我要用多快的速度做完？

我會重新清楚我為什麼出發，我為什麼走上這條道路，這是我選擇的意義和使命。因為我是我，我根本不會做出別的選擇，就是會走上這條道路，就是會面臨這一切，體會到這種孤獨，這種所謂的孤獨。

然後我會把戰略孤獨的原因拆解，納入下一階段的計畫和工作當中。當前路明朗起來時，上一波孤獨會消失。我要打勝仗，在打完勝仗之後，不斷朝前走，下一波孤獨又會出現，孤獨根本不會消失。

反正總要孤獨，我們應該走出很遠再孤獨，或者寧可在很高的水平上孤獨。

到了一定高度之後，我們甚至可以追求孤獨帶來的優越感。無敵是多麼寂寞，多少人都是為了爬上山頂，感受一剎那的「拔劍四顧心茫然」啊。

解決專注要面對的問題有兩個：一個是時間問題，另一個是能力問題。

創業，就是找到一個入口，扎下去，像釘子一樣釘進去，深耕。這要求創業者有追求本質和深度思考研究的能力，這和當下宣導的碎片化學習是背道而馳的。

我認為碎片化學習是偽學習，尤其對創業者而言，想要對某一個行業深耕，就必須持續深度學習才可以。學習者只有遮蔽干擾，快速地進入心流狀態，才會對知識有深度的掌握。只有在高度專注後產生的心流才會讓人產生浸入和美好的感覺，從而讓學習狀態保持良性迴圈。我們在看電影、聽音樂、畫畫、閱讀、專注思考、做題的時候，都會進入心流體驗，這是高峰體驗的一種，我們常說的「篤定」一詞，就是在描述這種體驗。

因此，在效能管理上，創業者要注重專注時間的分配，這個時間在日程表上應該被創業者長期堅持。按照時間管理的四象限法則，它是那類典型重要而不緊急的事情，和鍛鍊身體十分相似。你需要有意識、間歇性地進入心流，體驗心流的存在，並掌握快速進入的方法。事實上，確實有人已經訓練出快速進入高效專注的方式，比如在機場寫作或者在排隊的時候學習，但我認為只要稍微能保證時間，就不應該推崇這種「速食」的進入心流的方式。心流有助於心理健康，即使創業艱難，你也能有機會體驗超然物外和物我兩忘，並且在專注和學習中體驗到達成里程碑之外的過程美好感。

在專注目標的道路上能夠體驗到的過程美好感，其實是心流提供的。你不篤定，不沉浸，就不會體驗到。

這一部分的自我認知和訓練方法在本書第三章已經提及，建議可以再次閱讀。

所以在自我效能管理上，作為創業者，即使再忙，有再多的瑣碎事務，每週也要在效率手冊或者日程表上留出幾段心流時間。我知道有些有信仰的創業者會透過冥想和打坐來調節，這可以認為是另一種心流的呈現，也是不錯的方式。你要找到適合自己的方式，但你必須讓自己擁有這種篤定、平和、舒緩、專注的時刻，為自己獲得張力。

我之前寫過一篇叫作《神奇藥丸》的文章，說的就是心流這種現象，每個人其實都可以找到這種專注的能力，這種學習的能力，甚至是能夠發現活著的美好之處的能力，從而很好地解決情緒和心理的問題。我本人在進行自我研究之後，發現我有進入心流體驗的習慣性標準時間，大概是三個小時。我只有在足夠長的時間內沉浸專注一件事情或者完成一種工作，心流才會出現。如果你沒有其他藝術類愛好的話，閱讀和寫作也可以是培養心流體驗的重要方法。

同樣，如果你想讓大腦獲得休息和轉移注意力，看電影、談戀愛、運動也是獲得另外一種心流的方式，可以幫助你進入高峰體驗，緩解壓力。

有一些機會主義導向型的創業者，總是四處找機會，喜歡碎片化知識和學習，又喜歡參加各種會議和論壇。我認為要適當減少以上這些比重，才能把知識、觀點真正變為己有。不然沒有根基就會飄搖，在創業的潮水中就容易形同浮萍。我比較極端地認為，沒有專注習慣和能力的人難成大器，也很難在過程中體會到真正的幸福。

讓「長板」無限長

人與人之間的先天能量區別是巨大的，我們常說的時間管理，實際上是對單位時間內生產能力的管理。創業者在單位時間內的勞動生產率、思考認知與學習能力、溝通解決問題的能力，都是企業競爭力的核心。

創業比拚的主要是時間視窗裡的速度和規模問題、在同樣的時間內的差異問題。既然是時間週期恒定的比賽，比的就是創業者操盤的差異。人本身是每個創業項目最大的機會和壁壘。所以創業者自身要管理單位時間的效能，就應該專注在兩點上：第一，如何快速放大優勢；第二，如何快速減少瓶頸。第一個是為了像田忌賽馬，讓自己的長板（意指核心競爭力）無限長到別人很難模仿和追隨的位置，第二個是為了補足創業者通識，讓自己的短板（管理學理論，指用一個木桶來裝水，如果木桶的木板參差不齊，那麼它能盛的水量是由桶中最短的木板決定的。意指在事物的發展過程中，『短板』的長度決定其整體發展程度。）在未來不要成為阻礙發展的瓶頸。

如果持續做這兩件事，做到獲得顯著成果的程度，就可以讓創業者的自我效能管理達到最高水準。

反映在效能管理規劃上，就是要為自己設計KPI。比如，以一日為基準，今天你在長板的方向上，做了哪些具體的努力事項；同樣，在補足短板上，你又做了哪些。日日積累和更新。更新到某天，在單位時間內，你操作長板時間的產出是競品創始人產出的數倍時，積累就開始見效，這也是一萬小時定律的基本概念。創業者的優勢在於，在補足短板的操作上，你除了自己做還可以找別人，那麼你就要在每天的計畫中，預留出找人的時間，直至找到，讓這個人發力來補足項目和企業的短板。

那麼，像前面提到的優先順序事項、情緒處理時間、心流專注時間一樣，你需要把長板和瓶頸都放在效率手冊和日程上，成為非常固定的項目，而不是突擊做，想起來才做。尤其是對於長板，長時間的加強和積累會帶來質變的結果。

今天所有的效能管理解決方案，其實都是幫助企業的管理者在解決當務之急和撲火救火之外，確定哪些日程的分配和持久的計畫能陪伴其走出長遠的路。創業者的個人效能管理意識能夠讓我們兼顧短期目標，為自己的可持續發展打下基礎。個人效能管理意識的核心理念就是節制、塑造和實踐。

極少數的人生排序

創業者需要自我養成計畫，好的創業者能塑造團隊，當然也必能塑造自我。

真正的創業者都是自驅型人格，自驅必然帶來自律，因為想成就要每天努力。時間久了，就形成了習慣。好習慣都是習得的。其實這裡所說的自我效能管理和解決方案，在很多優秀創業者身上，都已經形成了習慣。在另外一些人那裡，我們也聽到過「道理都懂，但還是過不好這一生」。我的看法是，說道理都懂但沒有執行的人還是不懂。既然沒做，當然過不好一生。

以我為例，我大範圍內都在執行這些效能管理的法則，比如說我非常關心的優先順序裡的身體、睡眠和情緒。對於解決公司先生存再發展的問題等，我基本都按照這些邏輯來安排我的日常和時間，我也很早就處理了孤獨的問題。但是心流問題我依然解決不好，究其原因，是我對自己認知的慣性和拖延。比如我知道自己可以長時間閱讀、長時間繪畫，我也擁有過在固定週期內大量專注寫作的能力，所以我就會放鬆要求，認為自己可以在下一個長時間裡重現專注。但是事實證明，在所有的習慣中斷後，心流狀態都會退化，進入心流狀態更慢，獲得效果更差。這就導致存在一個長期脫離狀態，需要把自己重新拉入的問題，要解決這個問題，就要在固定時間內做效能管理。

按照以上提到的邏輯，在你的創業者手冊上，你可以寫下如下規定。

九月二十日

1. 保證睡眠七小時
2. 健身一小時

3. 公司生存：現金流和銷售業務
4. 公司發展：策略、人、資源、錢
5. 傳播認知和點燃團隊成員，談話三十分鐘
6. 長板時間
7. 瓶頸時間
8. 心流專注時間（可與長板時間重合，也可以分配給轉移注意力的情緒處理型心流活動）

自律的反義詞叫「他律」，在創業者身上，也能看到「他律」的部分，因為時間和競爭對手在追趕你，你會發現你被趨勢、市場和用戶推著走，被迫做出很多行為和努力，這是時代在選擇的結果。如果他律見效，會慢慢轉化為自律的習慣，被迫轉為自發之後，你可以按照自己的特質和行業特徵去豐富上面的規定。但是以上八項原則是不可放鬆的，因為任何一項的長時間疏忽都會在未來顯現出破壞性結果。

關於戀愛和婚姻

當我每次評論和回答關於女性創業者的問題時，我都會提到女人和女人之間的差別之大，早就超過了男性和女性的差別。

關於創業者的精神世界、情緒問題與孤獨感，我們之前已經討論過並有了一些結論。對於家庭中的親人與情感關係，最重要的就是彼此了解和互相滿足需求。如果你是一個創業者，或者打算創業，還沒有選擇伴侶，沒有建立家庭，那會相對比較容易。

你剛剛不是已經排列出屬於你的效能管理列表了嗎？你的每一天都有了明確的日程清單，你也非常清楚每一項日程背後的邏輯，作為一個優先順序清晰、注重管理健康和情緒的創業者，你的清單中其實有明確的時間留給健身、情緒處理、看電影和談戀愛等心流活動，那接下來就很好辦了。

第一層，為了避免人生終極意義上的孤獨，你最好一開始就跟他（她）講清楚你是誰，你要去哪兒，你要怎麼去。也就是，解釋你為什麼創業，你選擇這條道路的原因。當然，他（她）會關心如果要陪伴創業的你，他（她）會面對和經歷什麼。

第二層，你完全可以直接告訴他（她）會面對和經歷什麼問題。給你的交往對象、潛在伴侶、可能結婚對象展示你的日程清單，首先解釋每一條背後的形成機制和操作目的，看他（她）懂不懂。然後指出其中哪一條是可以與他（她）共同完成的，比如健身、情緒處理和心流部分，你可以邀請他（她）參加。並且你要記住，這並不是你為戀愛、為家庭、為他（她）特意保留的時間，作為創業者，你本就需要這些時間，現在你需要一個一起參與的對象，因為你們互相喜愛。這些時間從來都不應該被拋棄和犧牲。

第三層，當然你和他（她）都會認為，這個清單是理想狀態，你的時間一定會被各種不確定性擠壓和改變。你要告訴他（她）那些不確定性恰恰是最令人著迷的部分，不知道會發生什麼，驚喜和跌宕都在前面，你要的就是這樣的生活。只要你有了這樣一份效能管理清單，你和他（她）就已經掌握了大致的生活樣貌。創業當然充滿混亂，但不會有三百六十五天的混亂。如果你真的擁有三百六十五天的混亂，請重新再讀一遍我梳理的效能管理方式。

以上假設是基於你還沒找到伴侶、沒有組織家庭的情況。如果你已經找到伴侶和建立家庭，那麼依然可以重複以上三層，並重新透過新的效能管理清單和你的伴侶溝通第二層。你可以透過講解每一事項獲得一次品質極高的深談，你會再獲得一次懂得和信任。然後在第三層，透過描述你對不確定性的熱愛，讓你們的交談就像兩個少年在交談一樣。

最後，問題來了，如果你有了孩子，怎麼平衡？在創業的字典裡沒有平衡。

只有極致。

平衡你就輸了。

再回顧你的優先順序清單，你發現所有的事項是自己按邏輯選擇的結果，但竟然呈現出了一種平衡。外人看來的平衡，是一種呈現的結果，但在選擇的時候，你選擇的從來都是一種極致，一切都指向一個目標——勝利。

創業會讓你全身心投入，讓你體驗一種新的生活方式，這裡面的一切都是創業。創業是一種極少數極致者的遊戲，要「all in」（全押），要玩到淋漓，沒有平衡。你是船長，出海之後，要嘛找到小島，要嘛葬身大海，活著，找方向，讓你的船員有力氣，儘量感受快樂。如果你有家，你的家要嘛留在岸上，要嘛也在船上。事實證明，在岸上的，只會擔心你的風暴，無法理解你的激情，慢慢不懂你的方向，再慢慢看不見你的身影，最終大部分關係都破裂了。所以為了孩子，為了家庭，終究也為了你自己，你更要到達小島，你要打勝仗，成為那個英雄。

如果說創業者有所謂平衡家庭和工作的秘訣，那麼心流時間的優先級順序就是秘訣。

將你清單裡大量的心流專注時間留給孩子，前提是你的清單裡要有這個心流時段。也就是說，你重新整理優先順序的能力越強，就越能將心流時間放入日程並且確實執行，就越能保障你的家庭和睦和親子時間的充足，而心流目標會讓結果品質更高。持續的優先順序就會呈現一種平衡。

更多關於孩子的解決方案，可參考本書第七章其中一節。

反正時間是不會停下來等誰的。

06

•

路徑 6

人生需要計畫—行動—復盤

•

我是一個創業者，一個寫作者。創業和寫作都與復盤（棋類術語，指對局完畢後，復演該盤棋的記錄，進行分析和推演，同時提出假設，找出最佳方案）有關。我出版過幾本書，這些書都是現實主義作品，既是寫故事，也是寫案例。寫作其實是創業的副產品，是復盤的過程，我用文字重現經歷過的情景，找到那些決定性的瞬間、戲劇性的轉折、決定人物命運的特質。尤其當這些人物是自己的時候，可以重新推演過去的人生。

在寫作當中，我會有恍然大悟的時刻。相較於企業中流行的冰冷的復盤方式，我更傾向於我自己積累的復盤經驗。所以我有一些自己的方法和工具，希望能給你一些啟發。

想要的好玩人生

如果你是一個創業者，或者在企業中負責具體的專案，肯定對「復盤」並不陌生的。我們應該都聽過聯想集團董事長兼CEO楊元慶的復盤理論，其中有幾個科學步驟都是在企業的每個階段中經過驗證的。我也曾研究過，嘗試過。我的感覺是，如果你是一個企業的中階經理或者創業公司的CEO，用這種方法帶領團隊復盤是可行的。但是對於個人的成長，尤其是當你想要生活質感的時候，這種方法是比較難堅持和沿用的，因為不好玩、太枯燥。你會覺得，生活不應該也不必是這個樣子，與其過這樣「乾巴巴」的人生，不如不過。

生活的體驗和好玩，應該是第一位的，但是在現實生活中這樣的機會不多。我喜歡看小說和電影，尤其對人生的體驗有著一點理想主義追求。我在看故事和看電影的時候，會被深深代入盪氣迴腸的故事裡。結果呢，這種感覺最後總會結束，當電影黑幕出現後猛然有一種回到現實的感覺。發現今天還有現實主義的事要做：減肥、學英文、處理公司的任務、考試……。

我們現在討論的復盤，也是這樣。在過去的一年裡，無論你經歷過些什麼，有多糟心的事情，都不要繞開。

在講復盤之前，我也在網上搜索了一下，看到了若干科學復盤的方法。不過這些方法實在是太沒勁了。

我覺得我的人生，一直在和「沒勁」做鬥爭。說實話，如果經歷一萬個沒勁才能到達那一個有勁，那一個有勁我也不想要了。

二〇一七年的年度網路關鍵字有「喪」和「佛系」。這是媒體人造出的流行詞彙、標籤。在潛意識下的從眾心理讓大家急忙也往自己身上貼標籤。可是，就算有時代特徵，也是多數人的特徵，不一定和你有關係。最可怕的就是想要要不到，就假裝不想要了，就是佛系了。

就像小時候那種顯得對上學特別不在乎的學霸，表面的佛系其實就是煙幕彈。表面什麼也不在意，說不定人家心裡很在意。像天鵝一樣，湖面上若無其事，腳底下拚命划水，非常隱蔽。人家是偽佛系，你是真佛系，你就上當了。當交手的時候，什麼都沒你的了。

你是年輕人，年輕的荷爾蒙沒法佛系，因為這正是生命力最旺盛、最有鬥志的時候，身體條件根本不給你佛系的源頭。等到老年，當各種荷爾蒙低下的時候，你還有幾十年可以體會佛系。少年就得野蠻成長，鮮衣怒馬才好玩。

可是現實生活就是這樣，在大部分時間裡，我們都要完成別人給我們的KPI，也要給自己定KPI。完成別人規定的KPI已經夠煩了，還要這麼科學嚴謹地完成自己的KPI，我也受不了。

面對這些KPI，你會發現，人被分為兩種。

第一種人，是已經進入了「追求—得到」的良性迴圈的人。在自己的生活中，對追求—得到的比例關係有了一定的掌握。這種人嘗試過得到的感覺，已經習慣把自己的生活分成一個里程碑、一個里程碑地去抵達。追求和得到是最讓人著迷的感覺。腎上腺素分泌，生理機能被喚醒，心跳加速，血壓升高。這些東西幫助了人類的成長和進化。看似追求是為了結果，其實追求也是為了追求本身。

第二種人，人數可能會多一些，他們經常追求，很少得到，久而久之，忘了上癮的感覺，就會灰心。我覺得這兩種人有一個比較明顯的差異，就是復盤的動作存在差異。

以下要分享的是我主觀的經驗，是我對復盤的認知和復盤工具。我這個方法，對後一種人來說，有用也好玩，一旦用起來，停不下來，最終進入良性迴圈。

《趁早效率手冊》中蘊含著我個人完整的方法論，或者說趁早的方法論。作為狂熱的故事愛好者，在我的設計初衷裡，這是我的人生劇本，是我的自傳體小說。

現在，如果你手邊有二〇一七年的《趁早效率手冊》，就請翻到它的前言頁。這是目前我最喜歡的一篇手冊前言，幾乎是我整個人生觀的縮影，是整個復盤方法論的基礎。

那就是，人生要體驗，體驗要淋漓，所以人生最好像一部電影。這部電影有主角，主角要有開場人設、要有故事。在每一場、每一幕中，有情節和劇本設計，有對白，有行動。

三個認知練習

如果你認同我的人生觀，欣然期待自己的人生如同一部好電影，和我一樣想要一個好故事，我們就要完成三個認知練習，這樣就可以很自然地按照背後的復盤方法論來操作。

·第一個認知練習：你要是一部好電影

你每天的生活，就是電影。這不是比喻。如果有一台懸浮攝影機幫你剪輯出關鍵場次，配上一些獨白和背景音樂，這就是電影。

你需要練習跳出電影，置身事外。練習用一個旁觀或俯瞰的視角注視它，想像你坐在電影院觀看自己的一切。要抽離、客觀，甚至刻薄，要能描述這個主角的人設。

比如我自己的電影。如果是創業主題，開場可以這樣描述：

無論作為一個創業者，還是一個「網紅」，這個女人都有些太老了。

這是一個很棒的開場畫外音。當然，在劇本的人物設定裡，除了年齡，還有其他確切的因素。這個認知練習是復盤的重要能力。只有跳出來看，才能給出初始定位。

第二個認知練習：在好電影裡，主角是有目標的

要確定的是，我們的電影是劇情片。主角要完成任務、解決問題、遇到衝突、朝著一個目標奔去。主角的開場有計畫，中間有行動。就算你再愛看歐洲文藝片，在人生這個電影裡，你還是想要一個「好萊塢式」的大圓滿結局。一個電影的推進是按照主角的行為展開的。沒有行為，你的電影什麼都不是。

因此，你必須追問自己：

- 主角是誰？
- 主角要去哪兒？
- 主角要怎麼去？

• 主角要用多快的速度到達？

．第三個認知練習：編劇有兩個人，分別是命運和你，你得追劇

這部電影裡其實有兩個編劇，你和命運。我也不知道命運是什麼、命運寫了什麼，但我知道的是，我們倆一起寫作。它經常出其不意，尤其是在特別糟糕的時候，我作為主角往往覺得很慘、很糟心。

但有時候，我對這個編劇夥伴是佩服的，會說「這也行」，電視劇都不敢這麼寫，生活的荒誕程度超過電視劇。我能改變我參與的那部分，然後我作為演員，又參與其中。

當你這麼想的時候，這其實就成了一件特別有意思的事情。這和美國電視劇差不多啊，邊寫邊演。編劇根據之前的結果，主導著劇情的推進。主角所經歷的事情有無限種可能，這樣多好玩。

以上的三個認知，點出了復盤在這一系列動作裡的真諦：計畫—行動—復盤。

- 計畫就是初始劇本。
- 行動，就是劇本的執行，你得演戲，一場又一場、一幕又一幕，把事做了、把人見了。

● 復盤是為了改劇本，是為了推進劇情。

在生活中，我自己的復盤，就是用以上這種人生觀帶來的方法論來進行。一邊寫劇本、一邊演戲、一邊看戲，我覺得特別好玩。

如果你像我一樣，討厭聯想復盤「四步法」的科學嚴謹，可以用這種方法。這種方法可以叫作「戲精本人法」或者「內心戲表演藝術家法」。當你在填寫計畫、執行行動、觀看結果的時候，就會興致勃勃的，而且你也很想往下追自己的劇，看自己的命運搭檔會怎麼書寫。

總結一下，這個復盤的方法論是上一場戲的總結。即總結出各種走向和因素，編入下一場，改變主角的行進方向和行動。

所以復盤是什麼？

復盤是矯正行動和計畫之間的關係，是行動後的深刻反思。它的邏輯應該是：計畫—行動—復盤，再計畫—再行動—再復盤。

所以，在繼續討論之前，我們要達成的共識是：復盤是前一個目的明確的項目完成後的動作，也是為了將復盤後的結論轉化成下一次的行動。如果不轉化，現在所謂的復盤就是浪費時間。此時此刻，你看我寫這些也是浪費時間。

我再換一個角度說明什麼是復盤。這兩個字源於下棋，尤其是圍棋。圍棋中有很多術語，後來都被運用到軍事領域，軍事術語又被運用到現代商業領域，比如「對弈」。

關於復盤，首先要有意識。有的人生來就是好棋手，生來就著迷於凝神、沉思、謀算、舉棋、落棋，以對弈為樂。每一手和每一局，雖然有輸有贏，他們始終興致盎然。對這樣的人來說，他們也以復盤為樂，復盤就是人生的一部分。

可惜我們大多數人都不是好棋手，通常避免頻繁對弈，更避免棋逢對手。費腦子本來就是煎熬，一旦輸了就更痛苦，一切費腦子還可能會輸的事對人來說簡直是雙重痛苦。棋局從來都是軍事的模擬，也是商業最好的比喻，棋局、軍事、商業都是極其看重復盤的。

復盤的前提是，你要認知此前的種種、一年中的來來往往，不是輕飄飄的小生活，而是動作片、戰爭片、商戰片，充斥著敵進我退。這是場對弈、是個比賽、是場戰爭，否則不必用也不配用復盤這個術語，波瀾不驚的那些小生活，頂多用盤點和總結就夠了。復盤不是盤點流水帳。如果是這樣，你的電影就是一盤散沙。

復盤是在打完一場仗之後開展的，為的是打贏下一場，不是為了提前上陣。如若是為了後者，大可不必動輒提到復盤。人生就是一盤又一盤的棋，每一手怎麼下，每一局和誰下，都要你思考。下著下著，你就有了排名和江湖地位。這些是復盤這個詞的真諦，這麼酷的詞，不應該軟綿綿地用。

請大家閱讀本書附錄一中二〇一七年《趁早效率手冊》的前言，因為你想要的是一部精彩的電影，而不是平庸的、沒有衝突的、故事中的一切都不能向前發展的。劇情要自我反覆運算，主角要持續展開行動，矛盾衝突要升級，要解決更大的問題、享受更大的榮光。溫和的行動不太可能帶來精彩人生。

復盤清單

我認為，如若不能在價值觀上達成共識，分享工具也是蒼白的。找到自己的工具非常重要，因為尋找和使用工具的過程就是建立自我系統的過程。要幫助自己總結規律，化繁為簡，發現既有思路的盲點和誤解，發現新的辦法和突破。

在沒勁的公司管理復盤中，會有概念界定、問題提出、原因分析、方案制訂、計畫實施和結果評估等。我使用的是個人簡化版本，以下是我的具體操作。

首先，我的復盤一定是針對每一個里程碑目標的復盤。每一次就針對一個里程碑。

復盤的本質是重複交戰和比賽。這關乎你本來想和誰交手，你實力如何，他實力如何，你曾如何出招，他曾如何拆招，你在過程裡用了何種戰術、是否奏效，這一系列交手導致最後誰贏、為什麼贏，誰輸、為什麼輸等問題。

復盤需要選擇你生活和事業中最核心的項目進行專項操作，是一件非常明確的事。在一段時間和一個戰略目標內，你需要備戰過、行軍過、交手過，最後見了輸贏。而且，你最好有具體的對手。

再次重申，復盤不是盤點，不是你根據一個糟糕的電影劇本亂演一氣，然後去數貓在電影中出現了幾次，而是一定要有分析，有一個具體的專案，有一場特定的戲。

・第一步，回顧目標

現在請你找到一個里程碑，拿出紙筆，寫下里程碑的名字。你到底要為什麼事情復盤？記住，這件事要非常具體，而且，必須是你曾經計畫過的，包括你的起點狀態、你的目標、你的行為、你的週期。請確保這些因素在計畫設立初期都存在過，如果不存在，你需要重新制訂計畫，重寫劇本。

・第二步，評估結果

你的目標一定有一個或更多可以量化的數字指標，只有如此，才可以檢視目標達成情況和行為實施情況。

請你寫下實際終點狀態、目標達成情況和行為實施情況，並和原始指標做對比，明晰計畫和現實兩者之間的差距。

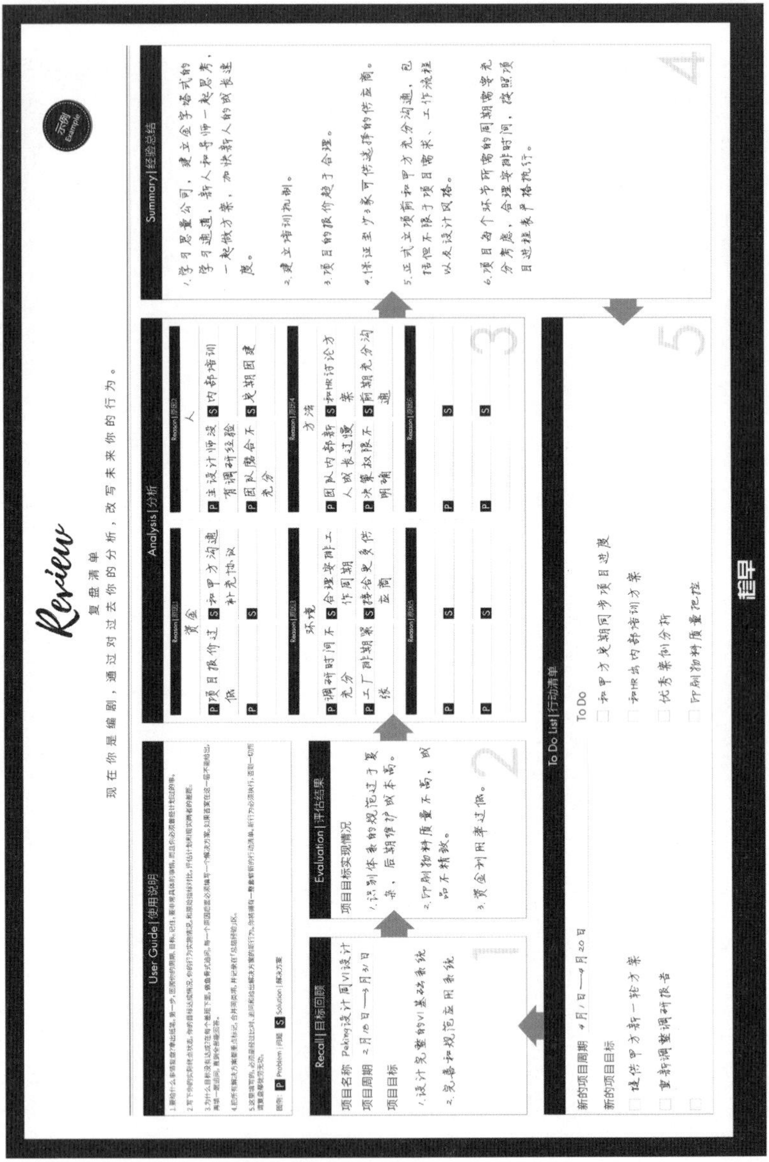
Review
复盘清单
现在你是编剧，通过对过去你的分析，改写未来你的行为。
示例 Example
User Guide | 使用说明
Recall | 目标回顾
项目名称
项目周期
项目目标
Evaluation | 评估结果
项目目标实现情况
Analysis | 分析
Summary | 经验总结
To Do List | 行动清单
新的项目周期
新的项目目标
To Do

復盤清單示例頁

・第三步，分析原因

這是最重要的一環。為什麼目標沒有達成？你需要在每個差距下面，做「魚骨式」追問。魚骨圖是用於工商管理的重要工具，用來尋找和洞察事情發生的本質原因。具體步驟如下。

1. 羅列所有原因。
2. 分類。一般原因可分為材料、人員、環境、方法、設備等。
3. 在每一個分類下繼續追問，直到無法繼續追問為止。
4. 評估。將所有原因分為三類：

C（Controllable）：知道解決方案在可控制範圍內。

X（Experimental）：不知道解決方案，需要進一步探索、諮詢。

N（Noise）：命運操控的部分，超出可控制的範圍。

・第四步，總結經驗

對於每一層問題的追問，你必須填寫解決方案。你如果在這一層不能給出答案，再往下一層追問，直到全部能回答。請你將所有解決方案都重點標記、合併同類項，形成一份行動清單，納入下一次的執行當中。對於「我怎麼去」的答案，必須是經過比對、追問和提出解決方案的新行為。任何不以改變行為為目的的復盤都是「耍流氓」。新行為必須被執行，否則一切所謂的復盤都徒勞無功。

整個復盤的方法論，就是「計畫→行為→結果→比對→追問→解決方案→再計畫」的無限迴圈。你一直往下追問就會發現，復盤是這麼酷的事情，是個自我梳理的好機會，越復盤，越能找到答案。

在趁早的價值觀體系中，我們推薦的復盤面向是：靈魂、肉體、金錢。在這些面向下，我們將一個一個拆開復盤，一項一項進行改良。哪有不經過彩排和推敲的好戲呢？偶然的精彩是運氣，經常性的精彩一定是「運維」的結果。電影如是，人生也如是。

我最怕所有的問題最後就歸於一個字——懶。就是連「戲精」和內心戲表演藝術家都懶得當，對自己的電影是否好玩、是否精彩都不感興趣。

如果說聯想式復盤是企業的一種管理方式，那麼其管理的是商業結果。我這種復盤可以叫個人電影製片人管理，管理的是個人的人生品質和體驗。說白了就是看重播、改劇本、調整人設。對於命運編劇給出的那個新劇情，你這個編劇給出新行為，作為演員親自上陣表演。

復盤首先肯定是要一個人做，之後你也可以邀請別人一起推演。就好比你去問別的編劇：「要是你，你接下來怎麼寫？」一千個編劇心中有一千個哈姆雷特，你會得到一些參考結果，並拓展思路。

復盤的核心功能是為自己建立一個系統。讓自己做事依靠系統，而不是單純依靠感覺。系統能幫助你分散精力和關注點，能區別現象和本質。

關於復盤，還有一個關鍵環節。如果你在魚骨式追問中發現某個問題重複出現，就要建立問題日誌。

就像我們在上學時候，哪兒錯的多，哪兒就多驗算。錯誤日誌對照得多了，你就會形成行為的條件反射，這種條件反射就是一種行為的內化，你會慢慢進入高手的境界。

保持好奇心，保持將事情弄明白的興趣。每日，每月，每年，以求寸進。

堅信自己的人生是一場好戲，永遠期待下一場好戲。

寫在創業十年這一天

在十年前的今天——二〇〇八年二月二十六日，我在北京市朝陽區註冊了一家公司，開始了創業之旅。無論十年裡經歷了什麼，我都有一個充足的理由慶祝今天，那就是這個公司竟然沒死，「活」過了十年。對一個公司來說，活著就意味著一切。

據說中國的初創公司存活十年的機率為二%，但我們幾乎讀不到另外沒能存活的、九十八%的初創公司的故事。從來都是這樣，成王敗寇，媒體都在幫成功者放大成功，給他們足夠多的舞臺和光芒。你得先成功，大家才有機會聽到你當初或是後來的失敗故事。包括我在內，我一直幻想的狀態，就是在多年後終於可以徐徐說出曾經的煎熬與困苦。但是，十年了，那個幻想的狀態始終也沒有出現。

人有自己的生命週期，公司也是。人活得長未必就活得好，未必就活得有價值，公司也是。這十年間，生存逼著我總在嘗試發現和定義到底什麼是「好」和「價值」，然後再找方法去塑造「好」和「價值」，這其實是我的主要工作。這種發現和塑造的方法我在創業過程中的業務轉型時期用到過，已經演變為我最大的個人愛好，我所有寫作的動機就是記錄這些發現。我也意識到，相對於經營公司，我的出版作品可能給世人帶來更多的影響，以至趁早公司現在的文化和產品已與我的文字密不可分，與文字背後對問題的認知和解決問題的方法密不可分。

對於一個以發現和塑造為愛好的人來說，創業絕對是一個好選擇。這個選擇讓體驗異常豐富，讓痛苦也格外鮮明，而痛苦恰恰是研究樣本裡最重要的部分。痛苦讓人離真相如此之近，當真相出現時，才完成了發現，塑造也才有了原點。類似的職業還有演員和畫家，這都是「勝出率」很低的職業，需要長期堅持，需要很強的信念。信念源於對這種職業體驗的熱愛，不然十年的時間真是又殘忍又漫長。

之後的幾年，趁早的使用者開始幫我認識到「價值」的存在，讓我發覺趁早已成為一個具有社會責任的公司。發現和塑造的愛好已經從我這裡拓展到團隊，再由產品到達每一個使用者那裡。時光倒轉十年，回到二〇〇八年二月二十六日，這樣的價值，應該是那個註冊一家設計顧問公司的我絕對不曾想過的。今天我也一直在追憶，這樣的價值，也許早已是我那時心底的願望，只是在等待發芽的時間。

在第十年的今天，我意識到這趟真愛旅程永遠體驗豐富、痛苦鮮明，因此不再想等來那風平浪靜的時段、徐徐說出曾經的煎熬困苦。但是今天，我可以停下一天，用來寫下這十年的發現和塑造、認知和忠告。

如果此刻的我能穿越回二〇〇八年，見到那個年輕十歲的、站在創業起點上的王瀟，我會將這些文字拿給她。我幻想十年後的自己，也在此刻穿越而來。她凝視著我，堅毅美麗，緘默不語，但我知道我一定會成為她，十年後，我依然會存活。

以下我回顧的，是創業，也是人生，你可以把其中所有的「創業」二字替換成「人生」：樸素、廣義地理解創業這件事，憑一己之力或幾個人緊密結合、活著就是創業。你有價值，客戶有需求，找到客戶，讓他看見你的價值，你就開張了。售價大於成本，你就活了，創業都是這麼開始的。

做什麼方向，首先取決於你會什麼和有什麼，之後才取決於時代的機會。時代一直有機會，時代的機會檢驗人類的貪婪與恐懼，在炙手可熱時它永遠趨之若鶩。非洲草原的一隻羚羊首先吸引獅子、大批鬣狗和禿鷲，然後吸引寄生蟲，最後將骸骨交給大地。那麼你在非洲草原上是什麼物種？你這個物種如何獲取食物？你是食肉的小獸，還是根本不食肉的動物？要先搞清你是誰，你的基本面是什麼，在食物鏈中處於什麼位置，才能匹配機會，判斷機會是否屬於你。

你有價值、有辦法把價值凝結在產品上，這是明確創業方向和你能創業的基礎條件。但這個價值不能是你自認為的，得是市場需求決定的，市場驗證不了的都不能算。當然需求有大有小，認為瞄準千億市場才叫創業也行，但都得從微小的瑣事開始。需求小也可以創業，只要有辦法找到用戶，在利基市場中也有很多好生意。

不要介意在生存期的自尊問題，即使用戶認為你是一個為五斗米折腰、做小買賣的人或者推銷員，你也要緊盯落袋為安的目標，將小買賣順利完成。眼前的生存跟你在哪個名校讀過書、在哪個厲害機構上過班都沒關係。你要認清現狀，你現在其實就是個做小買賣的推銷員。千里之行，始於足下。真要委屈不服，你可以暗暗記在心間，讓這些成為自我激勵的力量，雪恨十年不晚。

即使自己的理想真的是改變世界，也別直接寫在商業計畫書上，尤其是產品介紹上，畢竟在生存期裡，讓人覺得靠譜更重要。先想想自己這幾年改變了自己多少，再想想從小到大改變了幾個同學和同事，如果沒有，先拿自己和身邊人試試，能從現在開始，影響一點點也是好的。無數人靠著點滴的進化和演變在改變著世界。

創業者無優越感，創業不是可以誇耀的生活方式，個中之人大多報喜不報憂，誰難受誰知道。創業是大逃殺遊戲、小機率事件，存活五年的機率為七%，存活十年的機率為二%，IPO（首次公開募股）比例為〇．〇〇〇二%。在各種忽悠渲染面前，他們要獨立思考判斷，決定進入之前應該考慮十個晚上，深呼吸一百次，再決定是否要鐵了心成為小機率事件的參與者。

有必要做一些人格類型和風險偏好測試，以暗示自己具備參加大逃殺的人格優勢。天生生物節律好、腸胃好、睡眠好、身體結實都是不可多得的生理優勢，可以「熬傻」和「耗死」很多對手。善於溝通、感染力強、心大堅韌也是特別適合創業的素質，最好還有一絲無法描述的「邪惡」的人格魅力。以上種種，都非充分必要條件，接近玄學，本來也沒人說得清楚。

你要有擔當的精神和帶隊的能力，尤其身臨逆境時。你還要訓練果斷做選擇的能力，訓練去除性格裡的拖延和逃避的能力。你要成為在公司裡成長最快的人，以增加公司生存的機率。你要為了做出正確選擇持續地思考與學習，也隨時準備好為錯誤埋單，隨時準備為失敗負全部責任。

你必須開始鍛鍊身體，這簡直就是創業的一部分，創業又稱為百公里山地馬拉松版的大逃殺，體力有時候比智力還重要。你還要學習其他自我效能管理方法和情緒調節手段，用以研究自己、鼓勵自己、對付自己、治療自己，以後會頻繁用到。創業中期你也要著手研究別人、鼓勵別人、對付別人、治療別人，建議研習社會學和心理學。創業講究技多不壓身。

歷史不會爭辯誰對，只會呈現誰留下。創業也是。你會發現這是唯結果論的世界，你還會發現你要和抄襲狂、大忽悠（泛指說話不著邊際的吹牛者，或做人不守誠信，經常使用欺詐行為的商人）同台競技，他們因為臉皮厚，業績又增長了，你還聽到有人說要臉就是不夠「狼性」的表現。總之，無論你的「三觀」架構是怎樣的，創業都可能讓你懷疑人生。但你的價值觀會經由這些滌蕩而變得更堅固，磨難會將你塑造成一個更有型的、並深刻覺知自己原則的人。

你必須管理情緒而不是放任情緒。徒勞無功的絕望感會反覆出現，無論你曾經歷了多少不眠之夜，或是胃痙攣和血尿，除了你家裡人其實沒人在乎這些過程。與其自我感動、看關於邱吉爾的電影落淚、疑問經歷了黯暗時刻為何沒迎來光明，不如趕緊為最壞的結果做準備。我管理情緒的一個方法是，每當我內心會陳述一個糟糕的情緒時，後面馬上加一句獨白：「不然呢？」因為這是我選的，這就是創業，不然呢？

當情緒問題積累到一定程度時，你一定要尋求醫生的幫助。創業以來，第一次讓我重新審視這條道路的，是茅侃侃的死，他的死對我震撼極大。不只因為離去的是我的朋友，更是因為他身上投射了一部分的我自己——深夜筋疲力盡的那個自己。我調節情緒的另一個方法是，無論多投入，在適當的時候定期練習抽離，告訴自己這是一個人生遊戲，在面對成年後的「人生進入模式」時，是我自己選擇按下了「困難模式」的按鈕。但我要保留意志去思考：我這個玩家決定玩到什麼程度，我是否有許可權決定何時不玩，還有沒有退出和轉換到「舒適模式」的可能。最後一個選擇才是「刪除鍵」，但活著才意味著一切。不存在平衡工作與生活這回事。無論創業與否，這種平衡其實都不存在。一天二十四小時之內，你的內心之中，事情永遠有優先順序，而你一定會為其排序。單位時間內，最重要的事只有一件，你的選擇決定了時間的分布長度和投入程度，這些疊加會呈現出結果。如果你是目標感和執行能力很強的人，生活和工作的各自結果看上去甚至會優於只專注執行一個的其他人，但這依然是選擇的結果。

既然走上極少數人的道路，你就無須關心大多數的評價，不必向不相關的人解釋，更不必因為看了幾個公眾號文章就對不能照顧家庭表示愧疚。你要找到與家人高效共處的心流時間，但要外包家務，讓家務專業化、職能化，像管理團隊一樣制定標準、定期驗收，換取寶貴的時間。傳統的社會形象裡本來也沒有創業者，每天活在生死邊緣的人，不要和瑣事計較。

時刻重溫愛的優先順序，謹記你最愛的人始終是自己。正是因為愛自己，才想把唯一的人生活到淋漓，想拓展體驗的深度、廣度和密度，這是我這類人選擇創業的重要原因。愛的優先順序裡，排在下一個序列的是家人，謹記這條道路裡的悲歡都是你選的，你要承擔所有的責任和後果，當遇到創業難題，別把情緒和抱怨指向家人。他們也很無奈，他們本來沒打算做大逃殺參與者的父母、伴侶和孩子。

創業和堅持永遠分不開，如果想做出些眉目，這個堅持的時間就得按三年起算，範圍一直到三十年，上不封頂。這麼長的時間，肯定不是單純靠咬牙、打雞血扛下來的，一定得有點真正的熱愛，才能享受創造價值的過程。有愛又賺錢是創業「天堂模式」，有愛不賺錢是「困難模式」，又不愛又不賺錢還傻傻堅持，真的就是「地獄模式」了。「地獄模式」就很可能導致人得抑鬱症了。又不愛又不賺錢的東西，不值得你堅持。

> 創業的初心可以是各種事物，但是初心只有錢的話一定會出現後繼無力的狀況，錢畢竟不是意義和使命本身。那些樂於探究真相、解決問題的創業者會越戰越勇，那些得到用戶價值回饋的創業者會自動加滿使命。即使賺到錢，也得認真尋找錢背後到底是什麼，這樣你會比較快樂。

創業要抵禦誘惑。創業是一場巨大的延遲滿足，要努力抵禦背離目標的當下滿足。如果時光倒流，十年中我最想探究的機會成本，就是如果二〇一四到二〇一五年我沒有在《時尚COSMO》做十四個月的主編，趁早的速度和方向會有什麼不同。當時我用臨終法來觀看人生體驗的寬度，認為主編是個獨特的體驗、值得經歷，但其實也有虛榮和好奇心參與了選擇。這就是創業的最大成本——機會成本，因為世間沒有如果。

創業一定是面向需求的，熱衷風險投資的人都是投機分子，他們的口號是「離錢近」，他們追漲殺跌、聽風就是雨，幻想幹一票就跑，並永遠在尋找下一票。企業就是要賺錢，世代商賈都知道這是唯一的真諦。融資是錦上添花，是擴大經營，是試錯的糧草，但這只是一時續命，命終歸靠企業自己賺錢造血，這條命歸根究柢得是自己給的。人和公司，都得「自個兒成全自個兒」。

活著就是要始終保持現金流為正，這是公司經營者的基本職責。你要惡補財務基礎，緊盯現金流量表，量入為出、控制成本，至少提前一年做出最悲觀的預測。多數創業者都是「未來樂觀主義者」，這是就戰略上而言，但是在戰術上，尤其在現金流管理上，一定要做「現實悲觀主義者」，在陽光燦爛的天氣就要修繕屋頂。

現金流為正就是公司有能力持續造血，有收入源源不斷地為自己續命。從第一天起，就要瘋狂尋找客戶。你的種子用戶群就是你的貴人、你公司的衣食父母，是他們告訴你產品的優缺點、建議你改良的方向、幫你傳播口碑，在購買不完美產品的同時，還有耐心等你反覆運算。你要永遠銘記他們，感謝他們。在趁早文創業務裡，我們把這部分客戶叫「有生之年」客戶，承諾為他們終生寄送趁早每年的新品。

好的創業公司就是高成長公司。從第一天起，要瘋狂尋找你的主營業務，讓這個業務成為現金牛業務，讓你的產品成為品類中的黑馬、成為能被人牢牢記住的爆款。現金牛主營業務會成為一個創業公司第一波自信的來源，能在行業中撕開一個口子、深深扎根。有了穩健的主營業務，你就可以做新的財務規劃，就有膽量去嘗試其他可能。錢就是你的膽量。

正在嘗試中、還沒有被論證的業務是風險業務，你要為其設立風險邊界。無論你嘗試什麼，都不要忘記繼續讓你的主營業務扎根，以穩固江湖地位。尋找到主營業務的公司，沒有必要動不動就提「all in」（全押），因為你終於努力到第二階段，不需要背水一戰，不需要「風蕭蕭兮易水寒」。作戰最健康的心理是進可攻、退可守，保存實力，有迴旋餘地。

在尋找主營業務和爆款產品的同時，你要有非常強烈的智慧財產權保護意識，儘早學習智慧財產權保護法，為你的產品註冊功能變數名稱和商標，資訊產業類則要積極備案。品牌是這個商業世界的最高形態，代表信譽和品質保證，更是價值觀和文化在用戶心中的體現，要儘早去為自己的品牌規範字體、字型大小、顏色和視覺使用手法，讓你的品牌和產品在各處，尤其在互聯網上，呈現統一和穩定的質感。質感顯得高級一些總沒錯。

在公司召開產品會的時候，你要始終採用群策機制和創意優先機制，相信團隊的審美和直覺。趁早的經驗是，團隊在會議上認為驚喜和期待的產品，有較大機率會得到用戶的驚喜和期待。不要為了追求數量而容忍自己的產品魚目混珠，不要容忍自己泯然眾人，永遠相信和等待下一次驚喜的想法在會議室上空炸裂，珍視這種感覺、迷戀這種感覺。

愛自己的產品。在構思和塑造中真正花了心血的產品，你才會真的愛上。你不愛的產品，使用者也不可能會愛。用戶一定會感知到你的心血。趁早文創已誕生七年，直到今天，我和團隊還會情不自禁地撫摸新品的封面和內頁，會把它們抱在胸前甚至親吻它們，就像持續迎接我們新生的孩子。這和我小時候畫完一幅畫時的興奮和幸福的感覺一模一樣。只有這樣，我們也才會發自內心地關心使用者對產品的反饋。當看到用戶也表示出愛它、因為它改善了生活時，我們會一次又一次地感到欣慰和快樂。

資本市場是一把雙刃劍，是讓你停不下來追求的紅舞鞋，當你需要在小而美與博而大之間做出選擇時，你會再次捫心自問、剖析欲望，釋放想像力，你會翻開遺願清單，審視此生的意義。我選擇了融資的動機和意義有高度相關，我想要的不是長久的舒適，而是探索此生的限制在哪裡。這個選擇和任何人生轉捩點的重大選擇一樣，需要自己來做。

一旦決定融資，你除了要準備商業計畫書、各種盡職的調查材料，還要準備進行心理建設。說得好聽些叫路演，難聽些叫作兜售。無論你多努力地兜售你那點兒能力和才華，依然可能慘遭修剪、屢屢碰壁。但融資可以讓你驚訝地發現這個世界有這麼多標準，有這麼多看待價值的角度，你竟然有機會這樣密集地回答關於夢想和現實的詰問。融資會讓你的一個月像好幾個月，讓你嗓子啞掉，讓你在自負和自卑之間來來回回。你得挺住，你得為自己、團隊和未來攏住那一口氣，尋找千萬人中那一個或幾個看好你、看懂你和願意賭你贏的人。

如果你是創始人，那麼做事的方法，思考問題的策略，定義什麼是對、什麼是好、什麼做、什麼不做，這些最基本的東西都是由你做決定。這就是企業的原始文化和價值觀。上行下效，強將手下無弱兵。一個文化型公司，創始人必須完成初步的哲學自洽、觀點穩定、邏輯清楚，團隊才能有認知的基礎，這些基礎是執行的依據。

如果你是公司的精神領袖，你的公司又建立起了基礎價值觀和做事的基本原則，那這個公司的基礎就比無數價值觀混亂、飄搖的公司強大很多。或者說，你的起點和世界上最偉大公司的起點已經相同了！偉大公司的建立都源於強有力的精神領袖型創始人及其思辨系統，概莫能外。你需要做的是邏輯一致並升級系統，然後，在人海中一個又一個地找出你的團隊成員。

事在人為，「人」是一切。「人」包括創始人和團隊成員，人不行則全不行，人崩壞則全崩壞，哪怕本來曾有過好機制和好產品，結果也一樣。團隊准入和篩選機制要非常慎重，你要知道，力挽狂瀾的是人，帶來毀滅性打擊的也是人。然而所有創始人都可能經歷選錯人的痛苦。好的團隊下場踢球，成員各懷絕技，指向一個勝利。有一個人朝不同方向跑，都是在瓦解勝利。無論生活還是工作，選人要擦亮眼，選錯就早止損。這句話說三遍，說十遍，說一百遍，都不為過。

你當然是孤獨的，人皆孤獨，創業會讓孤獨更具體。然而孤獨不是不花時間去達成共識的藉口。你要盡最大努力統一思想和坦誠溝通，無論團隊的規模是大是小。永遠在團隊行動之前，告訴大家背景資料、方案的依據和最科學的操作方式，允許大家爭論和發問；永遠在行動後帶領大家復盤以改良行動，讓組織的認知和行為不斷進化。

新人不會天生熟悉你的文化，只是具備理解文化的潛力。你必須設計出一套機制，無論是培訓，是組織學習，還是為新人安排教練都可以，必須為傳承做足準備，讓下場踢球的隊員對節奏和信號都心領神會。當創業時間長了、樣本量增大時，你就能夠設計出測試新人文化適應度的機制。價值觀認同永遠是第一門檻，真正的認同一定會體現在做事原則中。

文化型公司的最大價值就是文化，需要創始人本人擁有文化自信。這個自信表現在對公司文化的高度堅持和對標準的要求，可以做到九分就不要做八分，更不將就和放任到七分。將就和放任就是稀釋和曲解的開始，先體現在產品上，再傳達到使用者那裡，當分數繼續遞減到六分以下時，就會顯露出創業敗象。對於我來說，這裡有血的教訓。

在我十九歲的時候，喜歡一部叫《等待果陀》的話劇。在劇中，果陀是一個幻影，從未露面，而人們在漫長的時間中苦苦等他。果陀似乎會來，又老是不來。「希望遲遲不來，苦死了等他的人。」創業成功是一個宏大的夢想，就像是等待果陀的到來一樣。

在我二十九歲的時候，喜歡小說《邊城》。在故事裡，翠翠見過那個美好的人，但她還希望再見他一面，所以她等待。「這個人也許永遠不回來了，也許『明天』回來！」我希望我的創業經歷了一次又一次的發現、塑造和達成，我希望會像這樣。

以上我回顧的，是創業，也是人生，你其實可以將所有的「創業」二字替換成「人生」再讀一遍。創業是很難，但也是一件樸素和深具意義的事，你憑藉一己之力安身立命，將你的價值按照價格提供給有需要的他人，這就是創業。人生就是你走在自己選擇的這條路上並承擔自己選擇的後果，這和創業的本質並沒有區別。

做一個坦誠和率真的人，建立一個坦誠和率真的公司，發現和塑造自己，也幫助用戶發現和塑造他們想要的目標。發現和塑造本身，就是趁早的價值，也正是市場的需求，這就是趁早這個公司在十年間從無到有的真諦，讓無數人靠著點滴的進化和演變改變世界。

你應該相信微小積累、持續改變和時間的力量，因為時間看得見。做你想做的事，成為你想成為的人，無論歷經多少次迷惘和自我懷疑，還是會走在內心最堅定的路上。現在，我們用一個公司十年的存活和成長，驗證了趁早的標語，時間確實看得見。

謹以此文，獻給在十年中支持和幫助過我的每一個人。時間看得見。

之前的一切，都是為了做選擇，

以及做一系列的選擇。

07

路徑 7

建立專屬自己的體系

像我一樣的偏執狂

早在十年前，我曾經將電腦裡的Word檔案「一生的計畫」展示給朋友，沒想到引起了朋友的不適。她睜大眼睛看著我計畫中那些野心勃勃的事項，然後用驚恐的目光望向我，好像第一次認識我一樣。「你太可怕了！」她對我說，「你怎麼是這種人?!」

再後來，當我設計、使用效率手冊、極少數手冊以及嘗試將一切生活和工作用清單管控時，也有更多人質疑這樣的生活方式會讓人無法喘息，質疑我可能是一個偏執狂或者控制狂。「順其自然，隨遇而安，知足常樂不好嗎？這麼累，你會快樂嗎？」他們這樣問我。

我的初衷當然是快樂，一直都是。如果說不忘初心的話，我最大的初心是自由帶來的快樂：不被約束、具備選擇的主動權。成年以後，我們的這種快樂大部分反映在一些前提條件上：一是有足夠的自由支配時間；二是有足夠的自由支配資產；三是當面臨選擇時，有足夠的知識結構去支撐選擇並擁有最大的主動權。

但隨著年齡的增長，時間是第一個越來越稀缺的東西，我們得設計方法，讓自己不至於陷入事物，而是抽身於事物；我們還得去努力掌控，因為掌握得越多，不確定因素就越少。你會發現，人世間的多數事物，早已存在最具科學成效的推進方式。就像你在兒童時期早已熟諳穿衣吃飯的要領一樣，你也正在一個又一個地熟悉更多事物的要領。你的成長在加快，新事物和新問題迎面而來的速度，依然會快於你熟悉它的節奏，甚至所有新事物都是以並行狀態衝過來的。

突然有一天，你會發現你需要在籌備婚禮的時候保持健身，在旅行的時候寫作和美容，在懷孕的時候計畫考試，在減肥的時候育兒，在公司派給你最艱巨任務的同時加速學習，或者以上專案竟然都需要緊密咬合或同時進行。當生活節奏越來越快時，再也沒人會笑眯眯地對你說：「慢慢來。」你發現你必須得快，還得好，還得從容，你希望一切事都順利完成、你都能勝任，你簡直必須要成為一個萬能的人。

是的，你就是要成為萬能的你——三頭六臂，兵來將擋，遇水搭橋。你想同時打十個怪獸，就要同時備齊十種武器，哪個怪獸衝上來就用哪個相配的武器迅速瞄準。因為你知道解決具體問題的具體方法，就是擁有武器。

如果在每一個事物的流程、必要節點、運籌推進上，你都研究了一套自己的方法以保證完成度和品質，從而被稱作「偏執狂」的話，那我建議你就做一個偏執狂。你要下決心做一個自成體系的人，為每一個你需要應對的事物設計自己的體系，先執行，再觀測結果，再更新體系，循環往復。你要為了自己的生活穩健和心理健康偏執地建立這個體系，不建立好不甘休。有了這個體系，你將獲得在動態中進化的能力。這個體系就是你認知問題的順序、你應對問題的章法、你做事做人的「護城河」、你後半生做人的底氣。

我所認識的厲害的人都有一個共同點，就是很早就自建體系，這個體系首先存在於他們的大腦中，之後體現在他們的人生計畫、待辦清單和日常筆記裡。這不是一個巧合，厲害的都是相似的，而混亂的各有各的不同。

我的體系建立於每個具體經歷之上，每試錯一回，交完學費，就會趕緊記下最新的認知和做事方法，形成自己專屬的流程和表格。趁早的主題手冊和迄今出現的所有清單，正是因此而生。

我將我面臨過的每一個生活和工作場景、每一個問題都歸納成適用的方法論。所有的方法論其實都遵循同一個邏輯——「認識自我，收集世界，整理分析，設立目標，專注執行，復盤反思，迴圈提升」。這七步其實是做對一切事的邏輯，我和團隊一起將這些繪製成各種各樣的形式，印在了紙上，裝裱進本子裡。其實，在我們眼中，我們繪製的是人生真諦，是世間規律。紙張和本子都只是介質而已。

這些表格和清單極為神奇，一旦交到不同的使用者手中，就會變成驚喜發生器。我們也無法預料，一個系統在啟用之後會運行出什麼樣的結果。驚喜會出現在每個使用者自己的人生裡，驚喜是在你把一切都做足以後、等待降臨的好東西，有時候我們叫它運氣。

當你還年輕，在使用這些表格和清單時，你會有充實和掌控的快感；當你年齡越來越大甚至變老時，你會發現你真正想掌控的，從來都不是驚喜。你做足一切而永遠不想見到的，是無常。

接下來，我想重現一些重要手冊和清單的形成場景，它們都源於我自己的經歷。如果你也想構建自己的體系，一定要珍視和觀察自己的經歷與場景。這些場景會向你提出問題，你要解答，你要觀察自己的行為，並根據結果修正它。你要的答案都已蘊含在其中。

好習慣養成器

寫本書的初衷是幫助每個讀者成長，直到這一節，我意識到本書的意義會比我想像的更大。因為大部分讀者也會像我一樣，孕育自己的孩子。從生育那刻起，成長不再是你一個人的事情。

我的女兒問問出生於二〇一二年十二月。第一次當媽的人都一樣，育兒的每一天、每一件事都可能是在試錯。孩子只能成長一次，我們永遠無法知道重新來過會有什麼不一樣的結果。如果我曾在某個時間換一種教育方式，她現在會有什麼不同？但我知道，如果我現在換一種教育方式，她將來一定會不同。

所以我生下她後做的第一件事，就是把我自己作為參考樣本，努力回憶我自己童年的喜怒哀樂及其產生的原因，回憶我童年的哪些事對今天的我產生了深遠的影響。我至少可以先在問問身上做好這些事。[1]

第一個結論

我思考後的第一個驚人結論——在童年時期養成的習慣，給一個人的一生帶來的影響是巨大的，甚至可以說是決定性的。

如果以時間為座標橫軸，每天的習慣好壞程度作為縱軸，對時間軸進行積分，最終的面積結果就是一個人一生的成就，你會發現，人與人之間一點點習慣上的小差距，在歲月的作用下，造成的面積差距是如此的巨大。

我特別認同教育界的一句話：播種動機，可以改變行為；播種行為，可以收穫習慣；播種習慣，可以培育人格；播種人格，可以掌握命運。

所以我在育兒上的一個深刻認知是：我要幫助女兒問問播種終身受益的習慣。

在問問五歲的時候，我認為時機成熟了，為趁早月度計畫表格設計了習慣追蹤表格，叫作「HABIT TRACKER」。這個表格顏色活潑、紙張大而厚，被貼在我家門上。表的左側欄目寫著問問每天要做的事，右側對應日期，每天在做完的事項後打勾。打勾這個動作一定要由她親手完成，我希望在她五歲的時候，就將完成的滿足感深深地刻印在人生的最初記憶裡。有了這樣每月一張的 HABIT TRACKER，問問就獲得了可視的人生時間座標橫軸，縱軸上的項目將積累出她興趣與能力的主要方向。這些專案需要我來參與引導和選擇。當時間積累到一定程度，比如說以一年為單位，我就可以透過比對問問打勾過的項目的總時間，和問問整體能力提升變化的結果，來了解她的天賦和發展方向。

當然，為了示範和參與，我也在 HABIT TRACKER 上打勾，而且每天誠實講解我做了什麼、做了多久，然後興奮地宣布打勾這件事，讓問問看到我以此為樂、為此自豪。我很高興的是，問問從一開始就喜歡打勾，這裡面也許有遺傳的原因，但我相信，時間長了，「時間看得見」這個概念對孩子來說，會比在我們成年人身上體現得更深刻。

第二個結論

對於女孩，破除性別的限制，就是破除了她更多選擇的限制。

在有了 HABIT TRACKER 之後，你應該挑選什麼樣的項目來進入孩子的日常呢？

我特別感謝我爸媽的一點，就是從小他們並沒對我提過類似「女孩子做這個工作太累」、

註1 《三觀易碎》（簡），王瀟著，浙江文藝出版社，2016

在二〇一六年出版的《三觀易碎》中，我在致女兒書中分享了自己的兩個童年缺口：一是愛好沒有得到施展，二是對權威的無條件屈服。

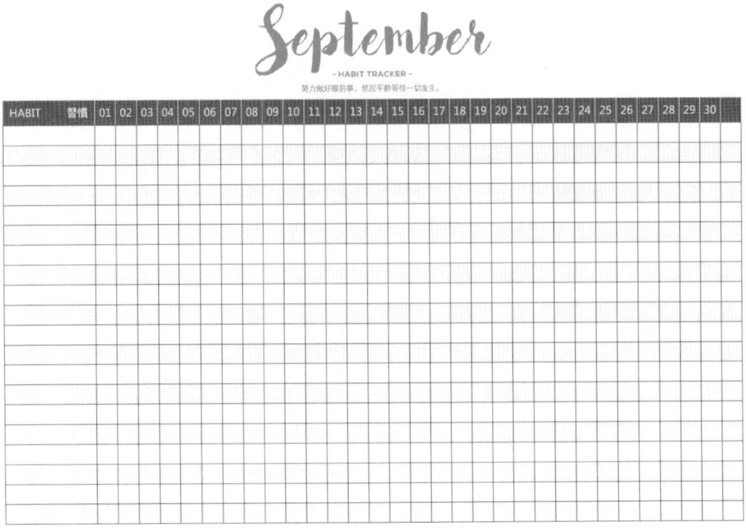

HABIT TRACKER

「女孩子找個安穩的工作就可以」、「女孩子要早點結婚」這樣的要求，為長大後的我節省了很多破除自我性別障礙的成本。

在意識到這點之後，我和問問之間的交流也發生了變化。比如在問問三歲時，她回家告訴我：「男孩子是要穿藍色衣服的，不穿裙子，女孩子是要穿粉色衣服的，女孩子穿裙子。」我就很認真地告訴她：「問問，男孩子和女孩子，都可以穿所有顏色的衣服，只要自己喜歡穿，男孩子也可以穿裙子。」在這個談話之後，問問會開始告訴我她早上要穿黑色衣服上幼稚園，在那之前，她是一個愛穿粉紅色衣服的小女孩。我之前以為她天性喜歡粉紅色，後來才明白她是受到了這類傳播的影響，她認為自己是小女孩，應該穿粉紅色。我內心暗暗對這種影響表示震驚，想起西蒙．波娃的那句話：「女人不是天生的，而是被塑造成的。」

所以在選擇問問的習慣培養和學習項目時，我的第一個出發點是去除性別障礙。女孩子不是只適合學習繪畫、跳舞、彈琴，不是一定喜歡玩娃娃、家家酒，她也可以喜歡玩恐龍、星球和機器人，只要她是人類的一員，就可以學一切人類可能感興趣的東西。

還有一點，就是一定要將體育鍛鍊和參與比賽作為日常習慣來培養，這是一生的巨大財富。我在上小學的時候身體柔軟，上中學以後在體育老師的帶領下成為一名體育愛好者。這些基礎與體能的提升帶給我的自信一直持續到了今天。

因此我將跆拳道、游泳、足球項目都提供問問選擇，她一旦選了我就鼓勵她參加，讓她體驗這些體育活動帶給她的快樂，讓這些快樂寫入她童年的記憶裡。

．第三個結論

讓孩子自己制定目標，並體驗做選擇和做決定的感覺。

在問問的 HABIT TRACKER 表格上，最左側的任務選項不是由我來做全部的決定，問問也要參與其中。當我回憶自己的小時候，我還能記起我自己做決定時的快樂和被父母強制選擇時的痛苦。每當問問選好一個項目時，我會再追問她一句：「你決定了嗎？這是你選的哦？」

直到問問回答：「我決定了。」

我希望未來的問問在做各種重要選擇時，內心也會浮現出「我決定了」這句話，懂得它代表的意義。只有當她意識到是自己在做選擇而不是別人為她做選擇時，才會為自己的選擇負責任。這真的是重要的人生時刻。

還有，我發現，我無法避免把自己的生活經驗和個人好惡加入問問的訓責引導之中。我發現，一些我認為不在目標內的事情，問問也許會認為是重要的和每天應該完成的。比如問問為自己設立的任務包括每天學習辨認節奏卡。從我的角度來看，這項技能和學習時間可有可無，但是問問自己很重視，每天完成後會非常快樂地打勾。

關於快樂，人們的定義各不相同。所以，放手讓孩子來定義什麼是快樂。我只能定義我的快樂，不應該干預別人的快樂。人生的真諦就是發現屬於自己的快樂，然後追求它。

・第四個結論

父母最擅長引導孩子的領域，恰恰是自己擅長的領域。

問問的 HABIT TRACKER 左側項目裡，有彈鋼琴、學習節奏卡、學字母、學數字、繪畫、講故事、游泳等。當然，所有這些日常項目都是為了培養她從微小積累的習慣，我希望問問能從中發現自己的天賦或興趣。我本人完全沒有音樂天賦，面對鋼琴一籌莫展，需要鋼琴老師上門來教學。問問參加了週末畫畫班，她特別喜歡去上課。但她最喜歡我和她一邊交流一邊繪畫，成果也最顯著。我認為問問已經在畫畫中體驗到了心流時間，這種體驗是貫穿一生的財富。

我因此還思考了一個問題，這個世界上，父母對子女的教育才是絕對既無保留又能根據孩子的情況進行的一對一教育。過去我們常說子承父業，看似老生常談，卻是效率最高的教育模式。父母最擅長引導孩子的領域，恰恰是自己擅長的領域。無論父母是不是有著「這行太苦了，孩子可不要和我幹同一行」的想法，孩子在此領域有著顯著高於平均水準能力的機率都很大。這種一技之長的幼功給孩子帶來的自信和勝任感，可以在未來延續很久。所以我要將我擅長的繪畫多教給她一些，她也必定會進步得更快，這與對繪畫的興趣和掌握的畫畫技能是否在以後用來謀生、是否會辛苦、學藝術要花多少錢，都沒有什麼關係。

第五個結論

必須投入地和孩子一起玩，不能敷衍。

我和葉先生的 HABIT TRACKER 左側還有一項，叫作「陪問問」。父母必須言傳身教當榜樣，希望孩子做到的事自己要先做到，想讓孩子成為哪種人，自己要先成為那種人。這已經是真理了，不需贅述。但是一直當孩子的行為準則，時刻注重其規矩、成績和禮貌，那真是太壓抑了，這些是我關於童年的不好回憶。輪到我做父母的時候，我認為父母除了是教育者，還要是孩子成長的參與者和體驗者。而且在我有了問問以後，更加發現大人只是生得比較早、經歷比較多，在看待世界的格局上，並不比孩子更優越。跟隨孩子的目光重新打量，大人世界司空見慣的美醜、好壞、階層高低都會被重組，和孩子一起參與和體驗，對大人也是有益的。

很多時候我們說要陪孩子，如果不能投入地陪伴，都是假陪，孩子也知道你在假陪。所以一起玩的時候，你要首先代入幼童時期的自己。對她來說，孩子此刻正在玩的遊戲就像你正在辦的大事一樣重要，因此無論你覺得遊戲多幼稚，都儘量進入自己小時候玩遊戲的狀態——沉浸到遊戲中。

我會和問問用心地去捏一個黏土，搭一組積木，在這個過程中一起編一個我們幻想的人物故事。我基本上每次都用盡全力，玩到我們都要一起呵護那個黏土和積木房子，怕弄壞了作品，因為我們一致認為我們的作品很寶貴。在這個時候，我們會覺得我們是真正的好朋友，經歷同樣的故事，有同樣的美感，互相懂得、心靈相通。

．第六個結論

保持情緒穩定，讓情緒穩定成為一個習慣。

其實，作為父母，我們還可以在 HABIT TRACKER 的左側默默地加上一個項目。

就是一個字——穩。

我回憶起我的小時候，我家每逢大事都有「靜氣」，每逢小事也有「靜氣」。但是我爸太嚴厲，這樣不好，我會覺得我爸對我一直不滿意，導致我在家不舒服、不自在。後來我創業了，這個「靜氣」繼承下來就成了正面品質，所以我決定沿用，但要改成輕鬆舒服的版本。

> 讓孩子認為父母具有不驚慌、不著急、不壓抑、不生氣的品質是非常重要的。所有事情都講究氛圍，家裡更是。遇到事情，要為孩子示範出一種遇事先面對後解決的反應慣性：「這個事情不是大事，讓我想想怎麼回事，我找到辦法了。」

當孩子發脾氣和失去耐心的時候，你如何應對也很重要，因為你家的主流溝通基調會奠定她未來與別人溝通的基調。父母也是人，實在控制不住的時候，去 HABIT TRACKER 看一眼——穩。訓練有意收斂驚慌、積極思考對策的習慣，有助於一個人保持表面平靜，有助於成長為未來的領導者和決策者。

不過這個領導者和決策者是針對我自己的意願而言，我對問問的未來並沒有非常具體的期待，我當然希望她能獲得生而為人的尊嚴與自由，能按自己的意願過一生。當然，第一這不現實，第二這取決於我對她的支撐和保護能力，這個能力目標又反過來決定了我首先應是一個情緒穩定並能控制局面的人。

可見，每一個孩子，包括曾經的我和現在的問問，對原生家庭都沒得選。原生家庭是註定的，我們會從這裡出發，帶著好的或者不好的影響。在自己的成長中，甚至到下一代的成長中，我們才有機會去修正這一切。

重要的是，我們在每一天、每一點上都有意去修正，漸漸接近目標。

播種動機，可以改變行為；播種行為，可以收穫習慣；播種習慣，可以培育人格；播種人格，可以掌握命運。

時間流逝，而我已才貌雙全

在三十歲那年，我寫下過一句話：「腰圍是少女和大媽的分水嶺，要拚死保持。」那時候的我早出晚歸，尚未生育，並不真的知道「拚死保持」意味著什麼。在接電話和開會的時候，我常常會無意識地手繪卡通小女郎，我畫的小女郎都有一個突然收緊的小腰肢，身體因為小腰肢充滿了節奏感，我可以將她們畫成任何輕盈的形態，讓她們扭來扭去。我認為那就是我。人在年輕的時候還會有種幻覺，以為會這樣一直年輕下去。

三十四歲時，我生了女兒，生完第一天就照鏡子觀察自己的身體，我發現這不是我熟悉的身體了，它竟然真的變形，且變形集中在腰腹部。這種變形和變胖又不同，是局部的鬆軟、突兀和衰老，完全改變了整個身體的形態，看上去就像一個漏氣的魚鰾，沒有節奏、沒有生命力、沒有希望。我甚至都不愛自己了。

我馬上想到我的未來歲月。

我知道太多人因為沒有能夠及時成功地恢復身材，以致後面很多年都還在和贅肉做鬥爭，甚至不愛自己。我必須要及時做出選擇——成為她們，或者不成為她們。

我又想到我的往昔歲月，在十七歲時減掉了十公斤。我做過一次，那麼我還可以再做一次。畢竟，我可是一個寫下過「要拚死保持」的人啊！

和十七歲的我不同，現在的我畢竟代謝更差、起點更低，但我相信自己是一個各種人生專案的管理者。如果你像我一樣，從未養成持久的鍛鍊習慣，那麼一個巨大的心靈創傷級打擊能幫助你開始堅定的執行塑身計畫。生育之後就是這樣一個契機，在生育後你第一次照鏡子時，那個崩潰時刻，就應該狠狠地抓住它。

你看著自己，悲從中來，你攥緊拳頭，在內心吶喊：我想要美好的肉體啊！

然後就可以開始了。以下是我經歷的主要流程。

首先，在生育後的第三十六天，我啟動準備工作，為塑身這件事設計了一百天的專案管理表格。

1. 測量：脫光立於鏡前，進行自我觀察，充分了解自己需要塑形的部位。測量這一天的胸圍、腰圍、臀圍等重點部位，並在「定制全新的自己」的表格中認真記錄。肉眼始終為第一判斷標準，而不是絕對體重。真正塑身成功的標準是——當別人見到你時，說你「身材真好」，而不是「真瘦」。

2. 拍照：穿短衣褲，為全身、正面、背面、側面拍照、留底，妥善存儲照片。這將成為健身雜誌裡面那種被叫作「Before」（以前）的照片。確切地說，這是應該被叫作「Goodbye」（再見）的照片。以此照片為證，你將與過去的自己告別。當我進行這個步驟的時候，我還挺激動的。

3. 目標：在表格上填好目標數值和身材榜樣。你也可以附上榜樣照片，可以是巔峰時期的自己，也可以是與你的外表身形本來就有幾分相似的公眾人物。總之，你要有明確的方向。當然，數值和榜樣一定要合理。

4. 深信：將以上工作都做好後，請注視整個表格，目光掠過未來的每一天，想像一天比一天都更加精緻有型的自己，想像在目標達成後你的樣子，深信你會實現，一定要深信。我認為，在人生的成長過程中，自我的正向暗示力量極大，比如深信「我會才貌雙全」，深信「我會淩厲、性感、健康有力」，深信「我擁有不熄的靈感」，深信「我不會停止自我完善」。

然後，在執行的時候告訴自己這是一個「項目」。

對於一個具備基本項目管理經驗的人來說，最好的辦法就是將自己的身體當作產品，將塑身當作項目執行，這樣思路會容易簡單很多。在世間，把事情做好、做對的道理都是相通的。

塑身 100 天表單

對於專案，就要設計相應的量化目標、進度表、週期和結果測評。看到這裡，你可能會說整本書都是表格，真是夠了。但我反而認為在本書設計的方法論中，執行塑身表格後的成就感比育兒的 HABIT TRACKER 給我帶來的成就感還要鮮明、直接。那時候我的創業還沒有像現在這樣如火如荼，對自我體能沒什麼確切追求，我只關心自己是不是美麗和漂亮。我真是太想要美麗和漂亮了。誰不想要呢？

做一百天的表格是簡單的，但是鍛鍊項目的可選範圍太大。我在互聯網上研究了一陣，決定將其確定為一個能隨時啟動的最簡約內容。我在啟動計畫的時候總有一個特點：先啟動看看，不等到都準備好和研究透徹之後再去做。其實從來不存在都準備好和研究透徹的時刻。

・最簡約啟動內容

1. 三件事：改善身材無外乎這三件事，一是減脂，二是增肌，三是規範飲食。所以，塑身一百天表格僅用於記錄這三件事。
2. 精簡：有關減脂、增肌和規範飲食的理論一直以來非常龐雜，我根據自己的經驗、採納塑身方面的良師益友的建議，儘量將執行方法簡單化。為自己選擇和設計簡單的整套動作，先練起來再說。
3. 階段性目標：我將十天當作一個階段，分十個階段，每個階段都有一個既定目標。設定目標的意義在於，既易於堅持，又能夠針對性地訓練。

啟動之時，我也不知道我在一百天後會有多大改變，但我確信一定會有正向的改變。事實上，我自認為在生育一年後才完全恢復到之前的身材，並保持到現在。和專案一樣，塑身這件事屬於結果導向，過程中的各種藉口都是蒼白的，中途放棄是失敗，反彈也是失敗。最後，別人看見的只有你的樣子。只要你已經立志塑身，不改變就輸了。

以上的流程和操作都不複雜，甚至是老生常談，如果說有秘訣可言，就是每個人必須找到屬於自己的有效激勵方法，確保健身這件事的持續性。

對我來說，這個激勵就是：健身雖然痛苦，但不健身會醜更痛苦。健身雖然累，不健身的身體更累。並且你要記住下一秒就累趴的感覺、汗水滴下的感覺，其他事，沒到這個程度，都不叫努力。我一位女性朋友的激勵方法更刺激一些，就是在懶惰的時候看情敵的照片，看完就可以馬上開始健身。

但有了持久的激勵，才會真正養成健身的習慣，帶著愛，讓健身成為和吃飯、睡覺一樣的日常活動，比如我的伴侶葉先生。他與我同期展開健身，至今已經超過五年，他為自己設計了更加縝密科學的計畫，完全改變了精神狀態和身材，幾乎成為一個「全新」的人。

還是那句話，時間看得見。健身就是投入和產出絕對呈正比的一件事，而且你會發現時間的力量帶來的驚人效果。變胖與變瘦，都是在肉眼不可察覺中發生的。我們都需要一個更好、更健康、更漂亮的肉身，現在就需要，而不是寄希望於明天。

讓我們把想像中的場景放在一百天以後，想像幾個月未見的人見到你的表情，想像他們突如其來的驚訝。你可以想像平靜地看著他們的眼睛和嘴型，聽到早已意料之中的誇獎，然後微微一笑。你當然值得被誇獎，因為你先付出了才會得到。看到你的人也許得到了一些啟迪和視覺享受，但你已得到了太多：緊實順滑的身體，輕鬆穿衣的快感，自我控制的信念。一百天後，這是你重新獲得的人生，根本不需要向任何人說明。

婚禮上的大導演

如果你愛上了一個人，準備和他許下共度此生的誓言，那麼無論你是否擅長規劃、計算和運籌，這件事你都應該做——從頭至尾地策劃、推進和掌控你自己的婚禮。

在我經營活動策劃公司的時候，婚禮從來都是最難完成的專案，包括我自己的婚禮在內。按說，婚禮只是活動策劃和執行的一種，但婚禮的特殊性在於，許多新娘因為婚禮的複雜程度放棄了參與策劃，卻又對婚禮充滿了期望。新娘當然對婚禮充滿了期望，這簡直是人生的終極期望時刻啊。

所有的商業活動按照構思流程進行，不出差錯就算成功，唯獨婚禮例外。在商業活動上，現場來賓是主角，無論來賓是媒體還是客戶，只要他們有不同程度的驚喜和盡興，目的就達成了；而婚禮上只有一個終極客戶和體驗者，這個人叫作新娘。新娘對婚禮的定義通常是「完美的」，但絕大多數婚禮結束之後，新娘的體驗都是「這不是我想要的」。

那麼問題出在哪兒呢？

首先，我們在少女時代對婚禮中新娘的想像多數都錯了。

婚禮的形式總是太唯美，每一個人都像是在出演言情電影的大結局，前景是鮮花蕾絲，中景是歡笑的人群，近景中有交換戒指的雙手，特寫裡淚盈於睫。於是我們深深相信，我們將是那影片中唯一的新娘、風華絕代的女主角。

在大結局裡，女主角能做的事好像很有限，第一件事當然是保持美麗，展現輕輕頷首和盈盈笑語。當現場司儀喊出「開始」的時候，女主角負責身披白紗，美麗聖潔地徐徐走出，務必完美地演出這一亮相橋段。再之後經由司儀引導，女主角需按事先寫好的劇本演出全套劇情，對白真情流露，對手戲順暢自然，通常將手捧花向後優美拋出便算大功告成，後面再點綴些許配角或群眾演員的合影花絮。是的，婚禮是一個重要的儀式，對於我們有記載的意義，像是一部人生大電影，是少女幻想中的大結局。

那麼，我們的想像錯在哪裡呢？

在我策劃執行過自己的婚禮、承辦過若干個婚禮、參加過數十次婚禮之後，我終於明白，我們是女主角沒錯，然而早在女主角出場之前，這美麗的草地，這餐桌上的器皿與鮮花以及當天出現的一切，並非天然存在，都要回到現實，事無巨細地計入成本、物流與週期，悉心計算、挑選和打理。婚禮的籌備過程就好像譜寫一場盛大的交響樂，每一個準備階段都好像其中的每個樂章，都是為了在婚禮當天奏響人生中最動人的那一段進行曲。

想要籌備好這樣一場盛大儀式，在新娘戴上白紗之前，你先要面對的將是百次以上的選

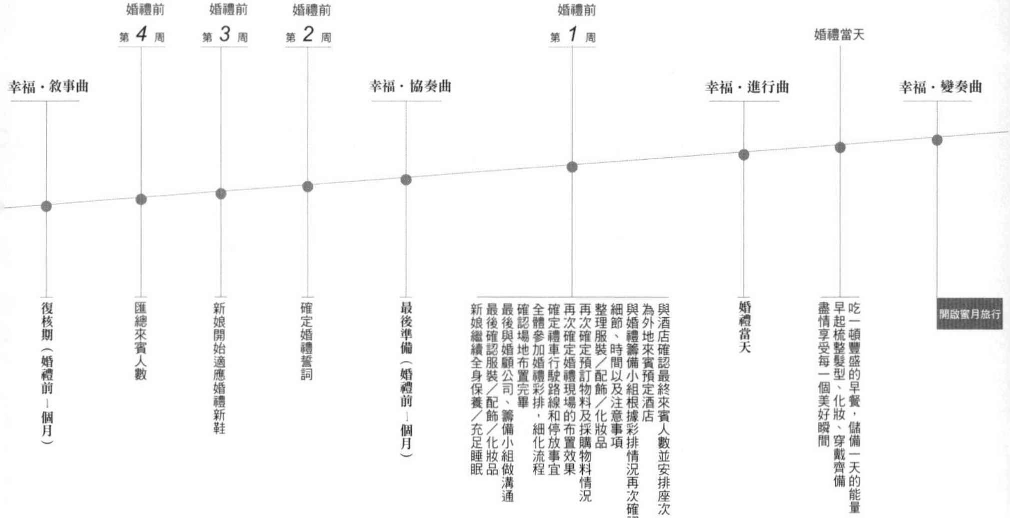

新娘手冊目錄頁

擇：時間、地點、來賓、主題、風格、流程、節奏、音樂……千頭萬緒，林林總總，敲定一個還有另一個。這時候你也許會想要逃脫，覺得你當天出現就好，覺得有人幫忙完成也不錯。

但婚禮這件事在我們的人生中實在太少有了，畢竟不是過生日，如果你只想等待別人給你驚喜，一旦驚喜落空，你便沒有了機會，當你說出「這不是我想要的」，回憶裡只能剩下失望。

婚禮既然存在，就不是一個草率的儀式。商業活動裡，誰主辦、誰協辦、誰承辦、誰在主桌、誰在VIP（貴賓）室，這些都要考慮主人和客人，是商業活動的本質。同樣，在婚禮這樣一個儀式上，所有來賓是來見證一個新的女主人的誕生，而這個女主人將決定這個

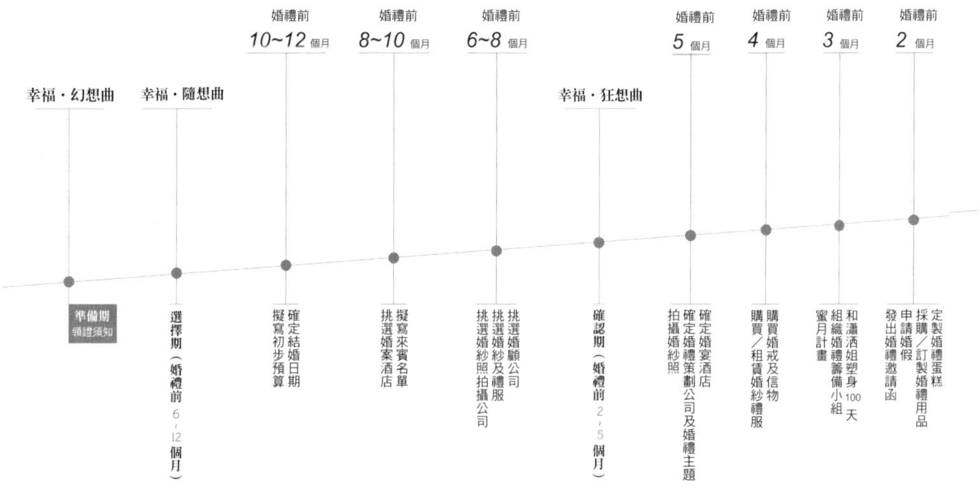

新家庭的面貌，這大概是婚禮的本質。

作為新娘——一個未來家庭的新晉女主人，你必須選擇是在婚禮現場惘然無知、任人擺布，還是運籌帷幄、胸有成竹。如果你珍視自己人生的重要時刻，則需要做到親手譜寫婚禮這場「交響樂」上精良的每一分鐘，你要有海頓的運籌帷幄，也要有貝多芬的嚴謹豐富。也許你覺得婚禮只是暫時性的複雜，克服一下就好，但不是的，生活本身就是一次又一次選擇疊加的結果。你先把握了婚禮，才能把握更多的未來。

作為新娘，你將在眾人面前展示你選擇的一切——你的判斷，你的品質，你的方向，甚至你的親友與陣營。婚禮無論有多浪漫，都開啟了現實生活的大門，在真正的歲月到來之前，婚禮負責帶領眾人來檢驗你。

婚禮是一場只演奏一次的音樂會。在這樣一場音樂會開演之前，沒有當天的盛況與眾星捧月，有的只是你自己。你是作曲家、總指揮、首席演奏家……你還要選擇在樂團裡會出現的所有樂師。是的，你就是整個婚禮交響樂的統籌，在那天來臨前和來臨時，你負責導演一切。如果從這時起，人生需要你做一個大導演，你就應當鼓起勇氣去當一個大導演，因為婚禮就是對未來歲月的預習。

當我和我的團隊已不再從事活動策劃與執行這個行業，我們依然事無巨細地按時間線邏輯整理了當年所有相關婚禮的細節，其中包括初步預算、擬定來賓名單、挑選婚禮酒店和婚禮顧問公司、挑選婚紗和禮服、拍婚紗照、購買婚戒及信物、塑身、計畫蜜月等，無論你是否擅長規劃、計算和運籌，都可以遵循裡面的指引，對每一個步驟做出選擇，這些選擇是一切決定的開始。

當一個婚禮的大導演吧。規劃婚禮流程，就像梳理自己的成長經歷；合理計算成本，就像未來每天會做的那樣；選擇在你視野裡出現的每樣物品，確保它們在未來的回憶裡閃閃發光。最重要的是，當來賓就座、音樂響起時，你可以深吸一口氣，緩緩起身，牽起裙裾，揚起你美麗的臉，篤定地走出門去，而你會終生記得這感覺——你邀請的眾人，在一個你選擇的時間點，穿著你規定的著裝，悉數坐在你選好的場地裡，等待你的出現。

這是一個女主人的意志，這樣的時刻在一生中不會有太多次。

奇遇圖書館

二〇一八年，我為讀書開了一個新的計畫，在一年中要讀五十二本書，讀完後將一些主觀理解錄成音訊，製作成集，名為《奇遇圖書館》。五十二本書大部分已經選好，選書原則是：書中經典，滋潤過世人靈魂，對現實生活可以暫時無用。其實如果它能夠滋潤靈魂的話，也並不是真的無用。有些書是我讀過的，因為我變了，再讀的時候感到書也變了。可見，好書也並不存在「讀完」的時刻，每讀一次都還可以有「讀懂」的時刻。

之前，我總覺得相對於文字，音訊是虛幻、不雋永的，因為它稍縱即逝。琢磨很久的一個表達，在生命中曾經那麼有力的一句話，用幾秒鐘就輕巧地說出口，好像對不住那份珍貴。對於《奇遇圖書館》，這些聲音會是讀書之後的一個結果，從文字到音訊，我換一種介質記錄，只希望聲音能帶有呼吸和溫度，多年後再聽，又會是不一樣的感受，又是另外一種雋永。

各人的讀書習慣不一樣。在我小時候，老師說：「書越讀越厚，之後越讀越薄。」我現在知道，要想將好書讀薄，那真是要花費很大精力才能完成。當人回到現實生活時，還能帶著書裡的那些人物、品質和觀點，書才算薄了起來。你先讀的書參與構建了你的體系，後讀的書開始納入你的體系，新讀的書又打破這個體系，所以你不可停止閱讀，因為你無法預先判斷何時、哪本書會參與構建你，整個歷程都是一場奇遇。

我已經養成了穩定的讀書習慣，無法說好或者不好。既然我要讀五十二本書，就先把這個模式描述下來。

．拿來就讀

書拿來就要讀，不聽、不看點評和劇透，甚至不要經他人推薦。這本書最好是在書店中隨機抽出的，在別人案頭偶然拿來翻閱的。不預期、不設防，只帶著原本的那個自己，就像初來乍到的少年闖入一個世界，旁邊不要有人指點引導，只讓作者拉著你的手看他的世界，你看到什麼就是什麼。不喜歡的就不喜歡了，不需要因為是名著就必須喜歡；看不懂的就是看不懂，就保持好奇心，就留著未知感。

．等待擊中

有些書，會像那些不期而遇的人一樣，你將被它的光芒和特質當頭擊中。擊中的時刻就是幸福的，歲數越大，感受會越強烈：太棒了，我能被擊中，還有東西能擊中我。可以說，只要你願意打開一本新書，願意出門見陌生人，心底就是有希望的，就擁有著對這世界的渴望：「請擊中我吧！」

永遠為在追求美的過程中產生的激動心情而讀書。

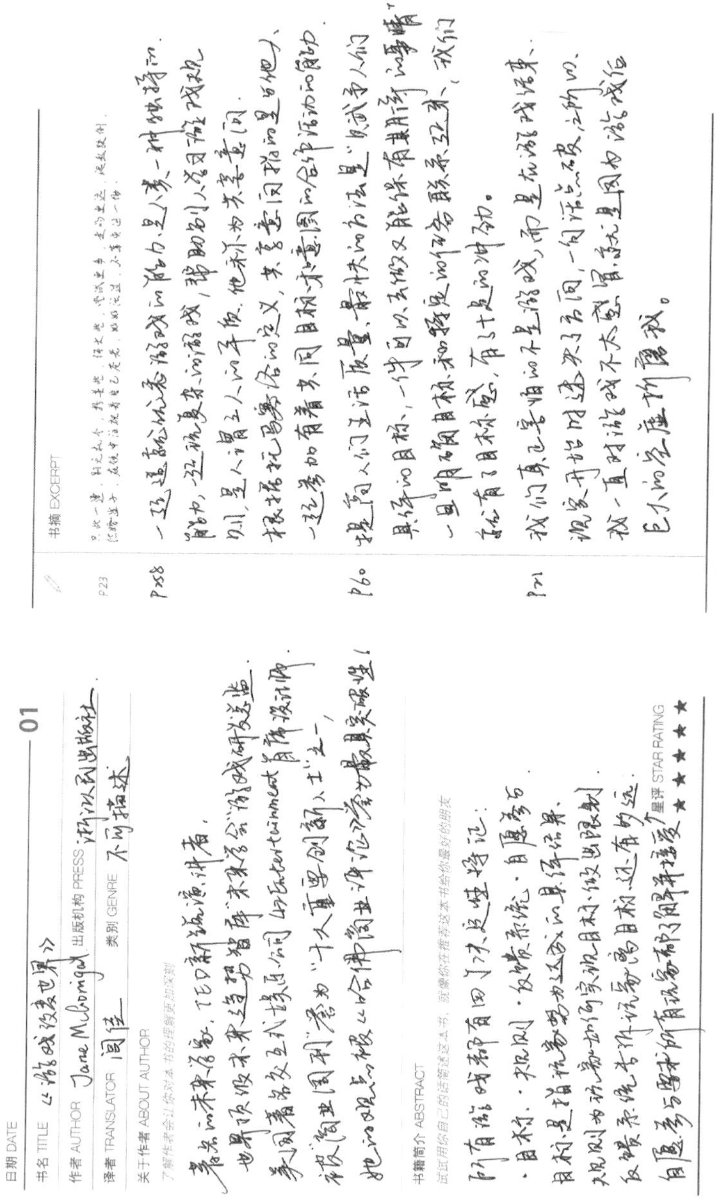
日期 DATE
01
书名 TITLE 《游戏改变世界》
作者 AUTHOR Jane McGonigal 出版机构 PRESS 浙江人民出版社
译者 TRANSLATOR 闾佳 类别 GENRE 不可描述
关于作者 ABOUT AUTHOR
了解作者会让你对本书的理解更加深刻
著名的未来学家，TED新锐演讲者，
世界顶级未来趋势智库"未来学会"游戏研发总监，
美国著名交互式娱乐公司42Entertainment首席设计师，
被商业周刊誉为"十大重要创新人士"之一，
她的观点被《哈佛商业评论》誉为最具突破性！
书籍简介 ABSTRACT
试试用你自己的话简述这本书，就像你在推荐这本书给你最好的朋友
所有游戏都有四个决定性特征：
·目标 ·规则 ·反馈系统 ·自愿参与
目标是指玩家努力达成的具体结果。
规则为玩家如何实现目标做出限制。
反馈系统告诉玩家离目标还有多远。
自愿参与要求所有玩家都了解并接受
星评 STAR RATING ★★★★★
书摘 EXCERPT
P23
P258 一起通关合作游戏的能力，是人类一种独特的能力，一起玩复杂的游戏，帮助别人学习游戏规则，是人类文人的本质。他称为共享意图。根据托马塞洛的定义，共享意图指的是与他人一起参加有着共同目标和意图的合作活动的能力。
P60 提高人们生活质量，最快的方法是"赋予人们具体的目标，一件可以去做又能保有期待的事情"一旦明确目标和特定的任务联系起来，我们就有了目标感，有了十足的冲劲。
P221 我们真正害怕的不是游戏，而是在游戏结束，现实开始时迷失了方向，一句话点破，之所以我一直对游戏不太感冒，就是因为游戏后巨大的空虚折磨我。

讀書手冊使用實例

・讓我拋棄你

這幾年我越發意識到書不用讀完。小時候我有個誤解，認為人得有始有終，鉛字既然能被印在紙上，就一定有原因，裡面肯定藏著好東西。我好幾次堅持讀完，發現這是不對的，有些書竟然從頭到尾都沒有好東西，至少是沒有我想要的好東西。這幾年我更是覺得，什麼東西都能被印在紙上。談戀愛不用等到絕望再分手，看電影可以提前退場，書不愛讀就合上：對不起，我先告辭了。

・讓我愛上你

我一旦被一本書擊中，這本書就會被我越看越厚，以至於看不完了。感謝互聯網，可以讓我聯想搜索，從作者生平到時代背景，再到相關人物的八卦和愛恨情仇，我看得欲罷不能。看書要研究作者嗎，下蛋要認識母雞嗎？我認為要，思想從人腦中流淌出來，人最可愛、最可貴，也最可恨、最可憐。這是我最愛看傳記的原因，直接看人，看他如電影一樣的生活，看他如何徐徐展開一生的畫卷。

・句子迷

傳記中的人生都有決定性的瞬間，這些瞬間是被一個或幾個句子描述的，我著迷於這些句子。在小說類作品裡，這些句子和詞彙被有節奏地排列組合，同樣是司空見慣的漢字，卻可以訴說完全不同的情緒。我會抄寫、收集和反覆閱讀，甚至背誦這些句子。成年後，我收集更多帶有觀點的句子，這些句子多過小時候喜愛的文學性句子，但無論我在哪個階段，在整個收集和反覆閱讀的過程中我都有愉悅的感覺。

．指認

我這種閱讀方式也許是一把雙刃劍，由於我可能在閱讀過程中代入主角的角色，所以我渴望長大、渴望成為有故事的人。長大之後卻發現生活是另外一回事——不觀察生活本身就無法書寫，太抽離會失去樂趣，太投入又會痛苦。在生活中，有多少狂喜就有多少悲傷，有多少抵達就有多少落寞，想要的這些體驗總是相伴而生。當我終於在某一個情景裡確信我讀到過此刻況味，指認了當下，當年的閱讀才被宣告完成。這麼多年，這種懂得，在於別人的故事和自己的故事交匯的那一刻，在於我和作者在遙遠的時空相視而笑的那一下，就那一小下。

．重讀

重讀可以成為自己的一個儀式。尤其當指認發生時，我可以重新回到書櫃前，凝視著珍藏的那些書的名字，抽出那一本，翻到那一頁。很多時候，我會直接翻閱我摘抄和收藏的句子，回憶那些句子後面的故事，看它們如何道出、如何點醒，如何一句一句撫慰我的心。

以上這些，如果到了第七步，那就是我生命中的好書，這樣的好書是極多的。所以你不可停止閱讀，因為你無法預先判斷在何時、何地、哪本書會參與構建你，整個歷程都是一場奇遇。

如果這個時代的記錄終將脫離紙與筆，我依然堅定地相信，與閱讀紙本相關的人生體驗會直到最後才與我們告別，因為這是無法取代的，是無法準確描述的東西，是紙的厚度、香氣和折痕，是手指的觸覺，是筆尖劃過的聲音，隨時間褪色。閱讀不只是讀文字，不只是學習，不只是閱讀本身，是你在當下的那個情境裡與人交匯。你記住的那本書就像你記住的某個人，她有氣味和觸感，你永遠渴望再次擁抱她的身體，也永遠記得第一次擁抱她的那個夜晚。

戀愛的我

相愛只是一切問題的開始。

像我這樣的偏執狂，早在少女時代就開列過理想男友的標準了，六個標準至今倒背如流：愛乾淨、身材好、有趣、有膽量、剛柔並濟、嗓音動聽。這六個特質是我根據各種小說和影視作品外加自己的幻想歸納出來的，堪稱準確凝練。

當然，與此相對應，我為自己的各方面也設立了目標，最開始主要是外表，其次是功課，那時候並不清楚才華和內涵對人的重要程度，但懂得「優秀」兩個字。為了變得優秀，我做了大量努力，爭了許多輸贏。從父母那得來的慣性讓我認為，優秀者得到一切，只要我優秀，別人就會喜歡我。

和學習一樣，我還認為凡事都有規律、章法和清單，有這些之後就能操作。我覺得隨著我長大成人，只要我學會了許多東西，我喜歡的人將隨著未來一起到來，他具備清單上的六項特質，我們手把手，我喜歡他，他也喜歡我。

後來，拿著這個清單，從十七歲開始到二十八歲，我每隔三年都會結束一次戀愛。我總是先從人群中發現那個愛乾淨、身材勻稱、聲音好聽的人，然後我們會吃很多頓飯、見很多次面，直到我在他的身上找不到真正的有趣、膽量或者剛柔並濟，卻發現了其他特徵。到第三年，這些特徵變得讓我難以忍受。他覺得我自詡的優秀不過如此，我也不再留戀他愛乾淨、身材勻稱、聲音好聽。

在愛情裡，事先準備好的清單是沒有用的。相愛只是一切問題的開始，沒有一個戀愛會像我設定的那樣發生，我們也都不會一〇〇%喜歡對方的每一個特質。如果你以嚴苛的方式來定義戀愛，戀愛就會以最渺茫的機率來回應你。

我沒有氣餒，在二十五歲到二十八歲的那段戀愛中，為了發掘他的有趣、膽量和剛柔並濟，我又研製出另外一種清單，其內容類似於情侶每年要一起體驗的一百件事，把我和對方捆綁成了連體嬰。我在清單裡面寫好了每年我和男朋友要看的十次電影、計畫的兩次旅行、愛吃的五十家餐廳、一起的五次冒險……在計畫進行到一半的時候，我的男朋友崩潰了，在離開我的時候，他說：「誰的人生誰來計畫，計畫只用來要求自己行不行？」

二十八歲時，我又開始了戀愛，我決定不再浪費時間。被動等待總是讓人感覺太久，等到讓生活試煉出結果，為時已晚。為了用最快的速度認識彼此，我列舉了新的問題清單，囊括一個人的一切，關於彼此的愛恨、「三觀」、理想、焦慮、秘密和習慣。

我們真誠坦率地彼此發問，同時也真誠坦率地展示自己的答案。這些問題是探索的起點，讓我們在漫長未來開始時，站在了彼此面前。這些問題讓我們明晰、清醒，於是從我二十八歲開始的戀愛，一直延續到今天。

- 你小時候希望長大後成為怎樣的人？
- 你父母家是怎樣的氣氛？
- 你愛喝酒嗎？你對牛奶過敏嗎？
- 你最無法忍受別人怎樣對待你？
- 你最恐懼的事情是什麼？
- 你有什麼弱點？

這些年中，我突然明白了一個秘訣，可以讓人在戀愛中獲得自我。每次當你喜歡上一個人的時候，你要問自己，你究竟喜歡他什麼？你要列舉出自己喜歡他的特質，然後告訴自己：這些就是你本人真正想要的東西。此刻在他身上擁有，而未來也要讓自己擁有。

那六個特質，是當年的我希望自己擁有的，我想成為一個愛乾淨、身材好、有趣、有膽量、剛柔並濟、嗓音動聽的人，今天也是一樣。

至於情侶每年要一起體驗一百件事的計畫，也不需要丟棄，這是一個很棒的計畫，但如果你真心想做這一百件事，並不需要拉上別人才能完成。你要反問自己：「誰的人生誰來計畫，計畫只用來要求自己行不行？」你的計畫，你自己執行。

當然，你也可以把這一百件事展示給你的男朋友，然後等他委屈地說：「怎麼裡面一個都沒有提到我？」然後你手一揮，隨意指著裡面的某件事說：「那就這件吧，我邀請你一起執行。」

ABOUT US

56. 在激烈的爭吵中，誰是更理性的那個？

A. ◯我 ◯對方 ◯兩人都算理性 ◯兩人都不理性

B. ◯我 ◯對方 ◯兩人都算理性 ◯兩人都不理性

57. 發生爭執時，誰更傾向於主動平息事態：

A. ◯我 ◯對方 B. ◯我 ◯對方

58. 誰對這段感情付出更多：

A. ◯我 ◯對方 ◯兩人差不多 B. ◯我 ◯對方 ◯兩人差不多

59. 在與對方的相處中，你經常會變成一個「小朋友」？ A. ◯ ◯不會 B. ◯ ◯不會

60. 如果「是」，你學得變成「小朋友」滿足了你怎樣的心態？

A. ....

B. ....

61. 對方經常會讓你感覺像是兄弟／姐妹嗎？ A. ◯ ◯不會 B. ◯ ◯不會

戀愛手冊內頁

一個人如果沒有長遠的夢想，

就不會有持久的旅程。

08

路徑 8

愛與成長，至死方休

在這一章，我將回答了幾個具體人生場景的具體問題。

最初，命運的大手把我們放在了一個個起點上，每個起點都有屬於自己的道路。

每個人的際遇和生活都不同，既然這是一本工具書，我就希望它的思維方式能應對大部分的問題，希望這些思維方式能夠幫助你在面對問題時做出選擇，得到最佳的結果。

生活不是蹺蹺板

Q

問：瀟灑姐之前寫過一篇文章叫作「事業與家庭」，講如何平衡事業與家庭的關係，但這兩天的娛樂新聞讓我開始思考一個在那之前更重要的問題——你在自己和媽媽的選擇之間如何平衡？如果你的選擇讓你媽媽瘋狂反對，你會怎麼辦？

A

答：平衡是物理學名詞，拿生活中的事作比喻，就像是永遠在討論天平和蹺蹺板兩端如何配重的問題。平衡就是板子呈現的水準，保持穩定就會有安全感。安全感就是這個不多、那個也不少，雙方都有、都在、都剛剛好被滿足的那個狀態。按照這個邏輯，為了保持平衡，你需要時刻關注重量、提高警覺，永遠要調整到彼此相安無事、雙方滿意。如果你平衡了，那麼按照流行的廣大認知，你就成功了。平衡就等於一種成功。

如果你常年認同以上邏輯和比喻，那麼你其實很難成功。

因為你一上來就搞錯了關係，生活可以是任何樣貌，但不是你和任何一方的角力。你被生下來，你的使命不是在和蹺蹺板對面的任何事物在上上下下地調整中找平衡。生活不是玩蹺蹺板，只有道路，你得出發，去往一個地方。

常有人說，你們這些勵志系的方法不能解決問題，你可不知道我媽苦口婆心、哭天抹淚，我媽畢竟都是為了我好，你們講女性要有領導力啊，要有遠見啊，要勇於承擔風險啊，這些我都懂，但在我媽面前都沒戲。

這次我們正好就拆解一下這些勵志系名詞到底是什麼意思。

領導力

在你媽媽面前，你的領導力怎麼體現？它就體現在你十八歲以後，有能力、有見地地領導你自己。對，就是先把自己領導好。所謂領導，就是給戰略、給方向、戰術的人。你從小到大努力接受教育的第一目的，就是有能力把這個指揮棒接過來，然後你媽媽就可以退居為參謀長，她參與議事，但方向得是你定的，最後主意得是你拿的。你媽媽領導她自己，你領導你自己，你們打的本來也不是同一時期的同一場仗。

有遠見

你媽媽說都是為你好，這肯定是真的，但是你媽媽定義的「好」是什麼，能否與你追求的「好」是同一回事，就很難說了。比如你媽媽的「好」專指平安穩定，你的「好」則是豐富淋漓，這就是兩個完全不同的未來。你媽媽說她走過的路比你走過的橋都多，也可能是真的，但是這個未來你必須自己去經歷。如果你媽媽的遠見在於判斷你的未來是否老有所養，你的遠見在於判斷你的未來是否體驗充分，你媽媽的遠見就沒什麼用。總的來說，匹配時代的價值觀，更容易獲得遠見。

勇於承擔風險

無論什麼樣的媽媽，都會怕孩子承擔風險。直白地說，你人生的風險歸根究柢是誰承擔呢？你自己。既不是你媽媽，也不是你老公，甚至你媽媽和你老公也會成為風險的一部分。七大姑八大姨都可以勸你，但你最好聽自己的，雖然你的決定很有可能是愚蠢的。你只有遵從了自己選擇的，才能對結果負起全責，怨無可怨。在這條道路上，只有承擔愚蠢，勝利也才能是自己的。

以上，是當你媽媽的選擇和你的選擇相悖時，我建議你進行的心理活動，不建議用於正面交鋒。你最好默默地想，暗暗地找尋方向，靜靜地論證。媽媽的價值觀很難一夜改變，但努力讓她看見你的選擇可以讓你健康、快樂、安全。

悠閒而穩定的工作？聽起來就好無聊哦

Q A

問：瀟灑姐，我最近持續在壓力很大的情況下工作。如果一份工作給我帶來持續的挫敗感，業績排名殿後，怎麼知道是自己的能力問題，還是不適合這份工作？

答：從這個描述裡面比較難判斷你的形勢，但可以這麼分析。

首先，這一兩年，整個大環境下的就業形勢和經濟形勢都不好，在很多時候，這不是工作能力的問題，而是一個全球性的問題。最近我常聽到的一個詞語就是「焦慮」，其實我們在趁早精神裡一直提到這個詞。我們為什麼要努力？為了給自己創造安全感。為什麼要不停地獲得安全感呢？因為我們經常會覺得不安全。不安全感，那不就是焦慮嗎？

我一直覺得，焦慮這件事是不需要強調的，因為焦慮本來就存在。以我為例，之前我在體制內的單位工作，有「我是不是就這樣一望到老」的焦慮；等我自己創業，有「公司會不會倒閉」的焦慮；在我選擇做自有品牌的時候，就會產生「我沒有辦法用互聯網手段來指數級成長」的焦慮；等到我真的開始做趁早 App 了，就是現在，整個團隊每天為了它努力工作，我就會有「是不是我的自有品牌沒有辦法持續發展」的焦慮；等我兩個都做了的時候，又會有「我有沒有辦法聚焦」的焦慮。

你看，每一個人，包括我本人，從未停止過在持續的、很大的壓力下工作。當然，每個人對「壓力很大」的定義是不一樣的。

通常來說，壓力不大的工作不值得做。壓力不大說明你不能攻克前面的困難，不能提升現有的能力，不能向外拓展自己的界限，這樣的話，你可能就沒有辦法前進。所以，當我們跟自己比較的時候，如果持續感覺壓力大，我的建議是「置壓力而不顧」，或者說我們需要這個壓力。

你還提到一句話叫「業績排名殿後」，那麼問題就來了，這說明，在同等的競技範圍內，在同等的壓力情況下，有人做得比你好。這就像我們念書時，同樣的老師在教，大家有同樣的學習時間，總有人學得比你好，這個時候你要思考一下：究竟是什麼原因造成的。

那怎麼才知道自己是能力有問題，還是不適合這份工作呢？我自己有一個標準來分析問題，雖然簡單粗暴，但是有用。這個標準叫作「天賦＋努力＋運氣」。能力問題至少包含兩個方面：天賦和努力。

先說天賦，我們首先要知道怎麼區分天賦與興趣。很簡單，天賦能夠使你的成果超過平均水準比較多；興趣，是你喜歡這個工作，可是用這個技能實現的成果並沒有超過平均水準很多，這個「喜歡」不足以給你帶來附加價值。

在你正確地判斷已知的天賦、付出足夠的努力之後，如果還是業績排名殿後，那麼這應該就不是天賦和努力能解決的問題了。什麼叫「足夠」？就是要花時間、長期地專注、快速地學習，別人可能用一小時學會的東西，你用三小時。

我們再來重新審一下題，這個題分為兩部分。

第一部分，我們要接受自己持續在壓力很大的情況下工作，因為這是常態，壓力很大不代表這個工作不適合自己。人只活一輩子，你是選擇輕鬆度過呢，還是不停地「打怪升級」呢？我推薦你選擇「打怪升級」。第二部分，我再總結一下，如果你認清了自己的天賦，又付出了足夠多的努力，成績排名依然止步不前，那麼可以表明你不適合這份工作，你可能需要重新尋找工作。

這裡說的不僅指具體工作，也指行業和所處環境。理論上，一個人總有他適合的行業和環境，所以之前做的功課，你可以當成「試錯」。在發現自己不適合這份工作後，你也不用特別傷心，不過是在試錯表上畫一個叉，既然天賦和努力都不適合，就不做，就再找。我本人是用了這些方法。

我畫了好幾個叉以後，才找到現在創業的這個工作。這個工作是不是壓力很大？那當然。我的公司有五十五個人，所以我每個月要交能容納五十五個人的辦公室的房租，買五十五台電腦，負責五十五個人吃的飯、喝的水、薪水……還有要生產趁早文創和

SHAPE YOUR LIFE（塑造你的生活）的滾動資金，壓力大的狀態是持續的，但這不妨礙我喜歡自己目前選的工作。

所以說，壓力很大不是問題，在壓力下感覺不到進步、在壓力下找不到進步的方法而持續沮喪，這才是我們要解決的問題。

AQ 你有仇家嗎？反正我有

問：如果和別人矛盾激化，你怎麼處理呢？觸犯你的人，你會直接反擊嗎？

答：我與他人絕交過四次，幾乎都是因為工作關係，同性、異性都有，前男友除外。我在兩年後發覺與其中一個絕交對象存在誤會，我們透過微信冰釋前嫌。我先把她的微信號找到，然後加上好友，她馬上回應，我們互相承認錯誤。那天我發覺人與人之間的溝通和理解可以如此，很高興。

前男友則不在討論範圍裡，因為我們談不上絕交。凡是因了解透徹而分離的，應該不會產生懷念。但凡有一絲美好的回憶，再往後想像三個小時，就會進入下一輪惡性循環。

為什麼武俠小說好看，因為裡面充滿恩怨情仇。在真實生活裡，絕交時，我們不會拱手說：「我與你今生恩斷義絕，老死不相往來。」心是一點點變冷的，放棄是默默的。

我的絕交，沒有吵架，沒有拍案，大約都是從某天我從那人的世界裡消失開始的。恨意被堆積，但我並不想當面對峙，不想怒罵和辯解，只想趕快止損離開，快快尋找新開始。

我的第一次絕交來得很晚，發生在六年前，對方是個男生，是創業伊始就和我一起戰鬥的設計師。他性格有點陰鬱，但設計的作品很好，應該說極好，在我當時開設的小小設計公司裡，頭幾年的商業設計作品幾乎都出自他手，我很感激他。在第三年，我借給他首付買了房子。在第四年，他還了我一半首付。也是在第四年，我發現公司的資金有問題。我請他走了。當巨大的失望來臨時，人是不會爭吵的。後來在《創京東》這本書裡，我讀到了類似的段落。絕交往往來自對人性的失望，人性的試金石往往是錢。

那時候我認為，和我一起戰鬥的人就是我的戰友，洗我錢的人就是我的敵人。

我看不懂現在社交網路上的隔空對罵。人際大致分有希望和沒希望這兩種，我推崇撕破臉之後轉身大步走，叉腰繼續罵只會把問題複雜化，「殺敵一千，自損八百」，對罵耽誤自我轉身的時間。可以撕破臉，就一下，痛快地認了，雖然不可彌補，但是吸取教訓。

綜上所述，公開對罵是不好的，大家不要學。江湖路遠，要不就別見了。

AQ

重返二十歲我一定不會做這五件事

問：如果再回到二十歲，絕對不會再做的事情是什麼？

答：我先說說在二十歲的時候我特別傻的想法。我當時認為「大多數人會怎麼想」對我有參考意義，在不明白大家做一切判斷的基礎是什麼的情況下，就糊里糊塗地聽從了，這很糟糕。我現在完全顛覆了這個想法，在任何時候我都不會去借鏡大多數人的意見。其他人跟我有什麼關係呢？其他人出身環境跟我不一樣，天賦跟我也不一樣，思維跟我也不一樣……無論是大多數人還是極少數人，我要成為的是「我」，為什麼要關心大多數人怎麼想。當我明白這些的時候已經有點兒晚了。

那如果我回到二十歲，我不會再做的事情是什麼呢？

第一，回到二十歲的時候我不會再虛度時光了。

這個「虛度」是指不知所謂，腦子空空，想不出什麼要研究的問題。經常會有同學約我一塊兒玩，五個人、十個人，我就一塊兒去了，他們聊的話題我跟著一塊兒聊，他們打牌我也跟著一塊兒玩，因為我不知道還有什麼可選擇的。這個過程就像羊群效應，看到別人都幹什麼，就會覺得這個東西有價值了。事實上，現在看來，這是不對的，如果八個人的腦子都糊塗，八個人都在犯傻，我跟著他們，不過是成為第九個犯傻的人。

在我二十歲的時候，互聯網還沒有普及，想了解什麼知識，只能去圖書館、讀報紙、看電視。我經常很好奇地去問周圍的人，比如我會問我媽：「你每天的工作都是幹什麼？你接觸的都有誰？」現在想起來，這個管道是有幫助的。

第二，我絕對不會再做的事情是不敢試錯。

我應該嘗試一切錯誤，包括穿什麼衣服、看什麼書、化什麼妝、談什麼戀愛。一個人能夠克服誘惑的前提條件是「吃過、見過、不過如此、這事兒我知道」。如果沒有見過，人格不會是完整的，大部分人沒有辦法抗拒沒有見過的東西。如果我回到二十歲，要鼓起勇氣嘗試一切。當然，這是有邊界的，不能觸犯法律或毀壞健康。

什麼時候能成為有趣的人，就是當你在三十歲左右跟人聊起來的時候，你有故事可以說，能講得聲情並茂。你可以講述你的不堪、你的絕望、你的狂喜，和其他人之間的信任、背叛、糾葛。這全是故事。好的人生是有故事可以說的，這個故事靠試錯而來，也靠你深深地投入其中。在二十歲的時候，不要那麼冷靜，做每件事的時候不要老想止損。

第三，我會更早地啟動「一萬小時原理」，做微小、持續的改變和積累。

無論從什麼方向都能開始，改變並不特指好好學習和鍛鍊身體。比如你有收集的癖好或者喜歡看偵探小說。任何東西只要是合理合法的，都可以試，而且可以在一萬小時內疊加。我要跳入一個值得沉浸的湖裡去，要跳到海裡去暢遊，體驗它的妙處，然後可以上岸說給別人聽。而不是在岸上一直猶豫著，最後時間過去了，你依然一無所知，變為一個蒼白的人。

第四，我絕對不會像現在這樣持續地生活在北京，我要離開家。

如果從宇宙中看地球，地球就是你的家；如果你出生在北半球，而你生活在南半球，你會覺得北半球都是你的家；如果你出生在北方，生活在南方，你會覺得整個北方都是你的家。家的範圍是有參考坐標的。

在我小的時候，爸爸媽媽很不希望我離開他們，因為我是他們唯一的女兒，我也沒有勇氣離開家。這是我長大後非常大的遺憾。我覺得我不僅應該離開家，還應該去紐約、米蘭、東京……去哪兒都好。二十歲的我有足夠多的時間、有足夠大的勇氣去試錯。是不是一年讀完、有沒有一個學位，都不重要，要站在八十五歲或九十歲的關頭往回看，反思自己的人生是否淋漓。我覺得自己二十歲的生活不淋漓。我在北京能做到自己的邊界，但北京很小，世界很大。二十歲的時候我沒有離家，沒有離家夠遠、夠久，我沒有在遠方體驗到對家的徹骨思念。

第五，我竟然在三十歲以後才開始健身，這個事情真的令人崩潰，我太後悔了。

二十歲的身體正處於巔峰狀態，代謝功能非常好，我在這個時候竟然沒有透過有效的科學訓練練出該有的魔鬼身材。我現在這麼大歲數了才開始訓練，由於代謝速率變慢了，我可能要用四十分鐘才能練出二十歲時練十五分鐘的效果，才能保持現在的身材。好身材多難得，二十歲可以輕易獲得的，我卻把二十歲揮霍掉了。現在但凡看見二十五歲的女生，我就想告訴她，請保持住巔峰狀態，利用最高的代謝速率鍛鍊身體，練就魔鬼身材，用一百天、一年，她完全可以在三十歲之前脫胎換骨。

總結一下，如果回到二十歲，我不會再做的事情：第一是虛度時間；第二是不敢試錯；第三是沒有開始一萬小時的追求、專注和喜愛；第四，沒有離家；第五，沒有健身，沒有在巔峰年紀讓我的身材進入巔峰狀態。

一個女生的優先順序

Q

問：買了二〇一七年的效率手冊，我仔細看了，無論是「日計畫」、「月計畫」，還是「一生的計畫」，第一個需要解決的都是優先順序問題。而我是孩子媽媽，請問在自己和孩子之間，怎麼確定優先順序？

A

答：在生育之前，在結婚之前，甚至在工作之前，我覺得你應該重點琢磨一個問題。琢磨這個問題很重要，因為以上幾類選擇，會瞬間開始分割你有限的時間。工作將使你的自由支配時間縮短到早晚和週末，很多工作還會侵占你的早晚和週末。而家屬及其相關事務會占據你剩下的自由支配時間，早晚和週末幾乎都是以「我們」作為計畫主體的。你需要與他人商量和做出選擇，獨處和我行我素的情形會非常罕有。

生育的計畫一旦啟動，沒有回頭箭，完全不可逆。選了就是選了，你的時間和精力將被永續分割，直到孩子成年，甚至直到你的生命盡頭。

對優先順序的選擇就是真愛的排序執行。在有限的生命裡，你認為最寶貴的事，就會往前放、會先解決。過去持續的優先選擇，造就了今天的你。時間與精力的田地裡，你最先耕耘的地方就會最早結果，優先順序從不說謊。

好了，現在讓我們一起來思考這個問題：無論你是否工作、是否結婚和生子，你認為，一天二十四小時中除去睡眠，你完全留給自己的時間，最少可以是多少？是三小時，一小時，十分鐘，還是根本不必有？

自己，就是指完完全全的你自己，不是媽媽的女兒，不是老公的老婆，不是孩子的媽媽，而是站在宇宙裡、時代裡的一個人。還有幾十年生命，在當下，你睜大眼睛，往這個浩瀚的世界看，如果還有什麼想知道的、想體驗的、想成為的，你就讓自己親近什麼、浸入什麼。你可以把這種時刻稱為獨立意志、自由靈魂……什麼都行，但你必須明白需要多久你才會得到滿足。人與人之間的區別很大，這個時間邊界就變得非常重要。如果你需要每天獨處一小時，那麼可能一週持續為家庭、為孩子的無縫付出就會讓你崩潰和悲憤。你會在某一天突然發作和抱怨，然後你的老公和孩子就會驚恐地看著你，覺得他們並不了解你。其實真正的原因是，你自己在走到這一步之前沒有了解自己。

人與人的區別是很大，那些每天需要有五小時個人時間才會滿足的人，很多最後就沒有選擇結婚和生育。無法試驗調整的時間分配會令他們痛苦，這是大眾、傳統價值觀根本無法理解的事。那麼，你根據對以上這個問題的結論，就應該把提問中的「我是孩子的媽媽」這句，改成「我是我，是孩子的媽媽，是媽媽的女兒，是老公的老婆，是團隊的成員」，然後把以上身分統統放入排序。

由於現存輿論和「聖母」的大量存在，我建議你把你自己的最低個人時間排在孩子之後、其他事務之前，也就是說，無論出現什麼情況，孩子和你自己是最重要的，別的事情靠後。然而，我真正想說的是，你自己其實才是最優先的，你是一切，別搞錯。你媽媽生下你，不是為了讓你再生一個孩子，然後把這個孩子當作意義的全部。你生一個孩子，如果是女兒，應該不是為了再讓她生一個孩子並讓她將那個孩子當成她意義的全部吧。

很多人的一生都活在這個荒誕而又悲劇的迴圈裡，就讓我們跳出來吧。

沒有一手好牌的人生還能贏嗎？

Q

問：我在一個二本院校（指第二批次錄取的本科大學，大多數是一般的綜合性大學）讀英語專業（現實困境），在學校很努力也小有成績，可是在此刻決定未來的路時，由於家境我不能和幾個實力相當的朋友一樣出國深造，不能獲得更廣闊的空間。我很害怕自己在幾年後就與他們的眼界和經歷有落差，有點兒自卑，覺得別人的前途一片光明，而我的前途摸不著邊兒。如果是你，你會如何給自己解答？

A

答：不要說大學本科了，提到出國和不出國，在我高中的時候，同年級同班的一些同學就已經出國讀書了。我沒有出去，其實那個時候我也不知道自己錯過了什麼，是錯過了「看世界的眼睛」，還是錯過了在國外讀高中的機會成本？為什麼其他同學可以出國讀書呢？自然是他們的家長安排的。

我相信有命運這回事。我們沒有出生在非常困苦的國家，沒有出生在戰亂中，也沒有出生在深度歧視女性的國度，而是出生在這個時代的中國，我們非常幸運。男女的經濟地位都發展到空前的歷史階段，互聯網時代的各個領域都在發展，有豐富的創業機會，這是大趨勢給我們的一手好牌。在這個時期，我們每個人的家庭背景、受教育程度、天賦、長相以及體能，這一手牌每個人又都不一樣。

由於家境，你認為自己和其他人開始有了道路選擇上的區別，這是每手牌裡面那一張父母牌的區別。如果要這樣橫向比較的話，我早就該崩潰了，因為我曾經所在的重點中學裡面，很多同學的父母都屬於「大神級父母」，給他們安排了很多神奇的上升通道（在那個時候我是不太明白的，現在回憶起來我明白了）。但是，總有方法去打你現有的這手牌。

在選擇的路徑中，如果「出國」屬於打出了一張理想牌，那麼不代表在國內就沒有理想的牌。當然，在這裡我們不評價幸福的標準，因為每個人過得是不是幸福和滿意，這是主觀決定。如果你評價的是經歷的跌宕起伏、對這個時代發展的感受，我倒有自己的看法。我覺得這十年選擇在中國，選擇創業，對我個人來說，這副牌我打出了一個最好的模式。成功與否不好說，但這是比較有趣、比較激盪的模式。

從你的角度來說，我認為首先要接受這一手牌的樣子——你就是出生在中國，性別也不能選，家境不允許你出國深造，這都是不可埋怨的。如果你能意識到自己同樣是有機會學習的，身體是健全的，目前是能夠選擇的，這就是一個非常理想的人生了。你能做的是從現在開始打好這手牌，而不是去想錯過了什麼東西。

我記得自己在《米字路口問答》這本書裡寫過，三十五歲的時候我才加入第一個創業組織，叫亞傑商會。這個組織有一個「搖籃計畫」，選中了我，我特別高興，因為在這之前我從來沒有參加過創業組織，也找不到志同道合的人可以聊天。第一次活動我被分配和另外一個女生住同一個房間，她在做互聯網創業公司，比我小七、八歲，聊天的時候，她雲淡風輕地說，在二〇〇三年的時候（我記不清了），她在美國矽谷就成立了第一家互聯網公司，然後賣掉了，實現了財務自由。她又去微軟工作了幾年，然後想回國過安穩的生活，最後覺得還是喜歡創業，這才做了第二家創業公司。

如果你是我，當時聽到這些是什麼心情？我當時就呆住了，我想，天啊，二〇〇三年，我在幹什麼呢？像個白癡。我真這麼想的，不論是年齡、專業、起點，還是經歷，我都沒法跟她比，那我是不是要去死呢？當然不是。

在我成長的歷程中，我已經想到最好的選擇了，現在面臨的不過是利用現有的資源，選擇和爭取最好的方式，這就是我能做的。這也是充滿希望的啊，因為在我選擇之後，明天會比今天好，會比今天有意思。如果不選，每天坐在這邊想「怎麼辦，比別人差這麼多，我要不要去死」，那你真的就得不到「自由、尊嚴和好奇心」了。

Q 成功人士是不是都「骨骼清奇」？

問：瀟灑姐，能談談你見過的成功人士嗎？他們有什麼樣的特質？他們為什麼成功呢？我們普通人與他們的差距在哪裡？

A

答：這個問題很有意思。我有很多一般意義上的「成功人士」朋友，幾十個吧，現在我上了長江商學院，在EMBA（高級管理人員工商管理碩士）班裡的很多同學，就更能被稱為「成功人士」了。從一般意義上講，這個「成功」就是賺了很多錢——我覺得至少是九位數以上的錢，還有很多的資源，對很多事情有見地。這些都是成功的定義。這些成功人士到底有什麼樣的特質？他們為什麼成功呢？

以長江商學院EMBA班裡的同學來說，我觀察到很多有意思的地方。我們這班的同學是從全國各地來上學的，每個月上四天課，所以他們都會暫時住在北京，下課以後大家就會一起吃飯、喝酒、聊人生。同學中七〇%是男性，平均年齡在四十歲出頭，情況常常是大家一直喝，一直聊，超過十二點。我偶爾一個月有一天會跟他們吃吃喝喝到十二點，回到家，我已經很睏了，要卸妝，還要看會兒書，差不多一點鐘睡覺。第二天早上九點，我和大家一樣又坐在課堂上開始聽課。到了下午兩點到三點的時候，問題就來了，我簡直睏得睜不開眼，因為我這個人必須每天睡滿八個小時，才能有精神，才能保持漂亮，才能夠不呈現無精打采的狀態。而且老師講的很多經濟、管理理論又是我不能企及的高度，我會有點兒聽不懂或聽不進去。在開始犯睏之前，我就會環顧四周。據這些同學說，他們聚到淩晨三點，也就是睡了五、六個小時。我以為這些四十到四十五歲的中年男性到了下午一定會犯睏，像我一樣。

事實是，當我環顧四周的時候，驚訝地發現，班上的六十六名同學都端坐在那兒，除了我在犯睏以外，所有人都目光炯炯地看著老師，頻頻點頭、做筆記，還和老師進行交流。

我還發現了一個問題。這個班上除了有幾個像我這樣的創業人士，大部分都是「成功人士」，這些人有一個重要的特點叫作「精力過人」。包括我剛剛講的那幾十個成功人士同學或者朋友，他們之中每天睡五個小時就夠了的人很多。第一，他們本來就睡得少。第二，他們能夠區分什麼是對自己有用的資源和知識，並調整自己的狀態。下午，當老師在講經濟學的時候，他們會迅速坐直、目光炯炯，因為他們意識到有用的東西要來了。他們不會因為睏倦、懶惰這種生理上的狀態而錯過有重大價值的人生時刻，他們能辨認出來這些時刻，這就是成功人士與普通人的一個區別。

還有一個重要區別是什麼呢？在長江商學院教EMBA的老師中，很多是經濟學家和教授，除了教我們行業的趨勢和知識，還會留一些課堂問題。我發現這些「成功人士」同學在回答問題的時候，每一個人都自有一個整合過、一致性的系統。就是他們曾經犯過錯，也論證、解決過很多問題，後來成功了，所以他們有自己的一套做事方法、一套思路、一個固定的邏輯。在論述邏輯的時候，用這套方法，他們是自信的。面對一個問題，想怎麼解決？用多長時間？用什麼樣的資源和什麼人能解決？如果不能，那下一個機會在哪裡？要等多少年？他們不會像很多普通人那樣說，哎呀，我不行，因為這個不能、那個不行。這個「不」字和自我否定到來得很慢，他們都是喜歡贏的人，好勝心都非常強，而且為了贏，願意做很多事情。

所以我覺得成功人士與普通人的第三大區別是思維方式的區別，這是一切區別的根本。

總結一下成功人士的特質：第一，他們精力過人，天生睡得少；第二，在重大時刻來臨的時候，他們能夠迅速辨認並且全身心投入；第三，他們的思維方式和普通人是不一樣的，在討論問題的時候，他們會馬上透過現象找到事物的本質。這是我對成功人士的一些觀察。

怎樣才算是愛自己

Q 問：瀟灑姐，我在很年輕的時候就從時尚雜誌上看到「愛自己」，直到今天還是聽到很多人講「愛自己」、「愛自己，才有能力愛別人」，但是這個「愛自己」說得都很抽象，到底怎麼樣才算是愛自己呢？請你具體地談一談。

A 答：這個問題有點兒意思，之前好像還沒有回答過類似的問題，我用我自己的理解談一談。

「愛自己」雖然屬於老生常談，但我非常同意這個觀點——愛自己是正當的，是每個人應該做的，也是每個人都會做的。具體做法呢？讓我來給大家一些思路。

到了青春期，想必大家都愛上過別人，或者和別人相愛過，那咱們來看一下，在你真正愛上別人之後，你會有什麼樣的行動呢？

第一，我們會發現別人的亮點並記住它；第二，我們會鼓勵別人，鼓勵他繼續前進，當他失落的時候，我們更會去鼓勵他，甚至覺得他有點兒可憐，心疼他；第三，愛別人還體現在我們希望他過得好，會想盡辦法讓他舒適，想要去滿足他的心願；第四，我們甚至會因寬容他而縱容他，這都是愛；第五，我們愛別人的時候，會想要去研究他，會長期很專注地看待這個人。

現在你打算開始愛自己了，好的，很簡單，我們換位思考，你就把自己想像成別人，把愛別人的行為放到自己身上。

像剛才說的一樣，你先打量你自己，去發現自己的亮點，並記住它，別妄自菲薄，如果你覺得「哇，好吸引人，好美，好有魅力，好能幹」，就給自己誇獎和鼓勵。

你愛的人準備要去做一件事情，你會對他說什麼？如果你會說：「加油吧，沒問題的！」那你也要這麼對自己。你肯定有失意、落魄、願望達不成的時候，那你會覺得「我還是挺可憐的」，雖然自怨自艾不好，但是我覺得自怨自艾好過妄自菲薄，「算了，我這人不行，我真沒救了」，別這麼想，因為你愛自己呀。當你要給自己一個負面評價的時候，當你想自暴自棄的時候，想像一下，你現在是「別人」，你會怎麼對他。還有，愛自己就是要讓自己舒適，這個大家都能體會到。時尚雜誌這時候會引導我們，要吃好的、穿好的、去好地方，要買好的東西。好不代表貴，而應該代表適合，代表我一定想要。如何判斷是不是真的想要？我會將它放在一個非常久遠的參考座標中：我在八十歲的時候回憶起來，是當年的每個願望都努力去達成了，而不是覺得「這個東西以後再說吧」。

在「愛自己」的時候我們常常會遇到一個「小故障」。當你愛別人的時候，你會寬容他，也會縱容他。比如說你有一隻貓，你愛牠，牠想要出去玩兒，你說「那就出去吧」，結果牠跑出去打架受傷了；或者你說「愛牠就讓牠繼續多吃吧」，牠最後變成一個胖貓，影響身體健康。這在愛自己的時候也會發生。很多人美其名曰「愛自己」，當下沉迷於很多無法持續的享受，或者因為太愛自己而讓自己現在過分舒服，無法延遲滿足，什麼心願也達不成，這就是愛自己的一個悖論。

如果從這個角度討論，我會去想愛自己的原因是什麼。我覺得愛就是珍惜，愛就是我知道我只有這一生。在這一生裡，我僅有一個軀體，也僅有這些時間，這時間是由每一年、每一月、每一秒組成的。那麼我能做的事情，就是精心地為我這一生僅有的身體挑選它應該保有的狀態、它應該有的形狀和樣子。我為這一生僅有的時間來挑選安排它的方法，我想這就是我個人對愛自己的理解。

好了，我來總結一下落實愛自己的方法，就是像愛別人一樣：

- 鼓勵自己、發現自己的亮點。
- 讓自己舒適、滿足自己的心願。
- 要寬容，但不要縱容。
- 如果愛別人的時候你能長期專注和研究別人，也應該用大量的精神去長期專注和研究自己。

• 最後一條，珍惜你僅存的一生。

少年啊，談戀愛並不是人生中最重要的事

Q 問：對於一個三十歲的大齡單身女青年來說，究竟應該先去提升自己還是先去相親呢？要不要妥協？為什麼要選擇結婚，只是為了體驗結婚生子的活法嗎？

A 答：我來按我的思路分析一下問題。這個問題本身就有點奇怪，首先，提升自己這件事，不該是一個先和後的問題，提升是一個永恆的使命。一個人從生下來開始，就應該期待自己的明天比今天更好、明天比今天更漂亮、明天比今天懂得更多、明天比今天更受歡迎，所以提升應該是一件至死方休的事情，別說相親，提升和其他任何事放在一起，都沒有先後順序。

其次，「相親」是什麼意思呢？相親是尋找愛的過程，尋找別人愛你和你去愛別人的能力。我從未反對相親，我覺得無論是去相親，去交友網站，還是在任何地點，如在大街上、電影院、酒吧碰見未來的戀人，都是尋找愛的方式，途徑和媒介一點都不重要。所以盡可能開放地去相親，這件事同樣沒有先後之分，你可以從高中就開始尋找理想物件，一直到你三、四十歲都可以，愛是我們的一生中很重要的一個使命，它和

提升自我沒有先後順序。

那麼，你問要不要妥協，我不知道你說的妥協是什麼意思。妥協是意味著你必須和不愛的人在一起嗎？那為什麼要和不愛的人在一起呢？你要用「不愛」換取什麼呢？討論到這兒就要發問了，我們可不可以忍受用「不愛」去「換取」？

比如我，如果問我創業的過程中是否曾經忍受白眼去換錢，那麼答案是我忍受過；如果問我是否忍受過不高興去換錢，答案也是一樣的。那你覺得一個人可以用忍受不愛去換取其他嗎？比如去換取錢，比如去換取更少的非議，比如去換取你爸媽所謂的踏實。任何一種兌換，在交換者身上都是成立的，只要你覺得有價值就可以。所以這個問題不能問我，必須問你自己：你有什麼想要兌換的？它的價值能夠兌換你最大的快樂？你有多想要？你能不能妥協？你能妥協到什麼程度？

你前面問的是先提升自己還是先相親，實際上問的是先變得更好還是先尋找愛，這兩件事情沒有先後順序，現在此刻就能做，而且能做到永遠。如果你做任何事情都是功利性的，那你不會得到真正的快樂和幸福，提升應該是忘我的，尋找愛也應該是忘我的。

最後你問為什麼要選擇結婚呢？我至今認為，結婚主要是找一個親人。你的父母是不能挑的，你生的孩子其實你也不能挑，但是你唯一能挑的親戚、從茫茫人海中自己選出來的，就是你的配偶。

我們人類社會從過去一大家子人住在一起、父輩和後輩人住在一起，到現在單個的小家庭住在一起，這是人類締結組織的進化。現代社會中，人的生存能力越來越強，以至家庭不用以很大的規模為單位就可以生存下去。從理性角度來看，結婚是在找親人，是你和他在一起，要彼此相互支撐著生存。如果一個人的個人生存能力極強，是不是不需要結婚呢？我覺得從經濟層面上講，這個人也可能是不需要結婚的。你沒找到親人，但自己也過得不錯，或者你這個人天性就不適合和另一個人長期地生活在一起，那麼你也可以選擇不結婚。那我為什麼選擇結婚呢？首先，我經歷過不結婚的獨身生活，很想過一下結了婚的生活，我非常好奇。而且我也好奇生育，我太想體驗那種「有了孩子你才知道，原來那些都不叫愛，比起愛來差遠了」的感覺，所以我選擇了生育。

選擇結婚、敢於結婚意味著要敢於承擔結婚以後的責任，但是反過來，選擇不結婚也需要勇氣。我選擇嘗試這種方式，是因為我找到了也許能夠培養成親人的人選。「我認為他應該是」，所以我願意往這個方向培養他，這就是我選擇結婚的原因。

關於女強人的迷思

Q

問：女生選擇事業就無法兼顧家庭，我如果想做女強人，要在一定程度上放棄家庭嗎？

A

答：如果你想成就一番事業、想取得商業成功、想在任何一個行業做到頂尖，你應該給自己設立的人生目標是做一個「強人」，而不是做一個「女強人」。我說過很多遍，現在的世界不是按勞動力來分配的，也不是按體能，我們不用掄大錘或者搬磚，我們是用腦力來工作的，是用溝通來工作的。在這個條件下，作為個體的人和人之間的巨大差別，早就超過男性和女性之間的差別了。

強人不分男女。你說的情況是指剛好這個人的生物屬性是女，在處理工作事務的能力上、看世界的觀點上、做雷厲風行的決斷上、解決問題的智慧上，這個人都是強的，才是強人。這是我的第一個觀點。

我的第二個觀點是：真正的強人，他（她）什麼都強。事實上，無論是管理事業還是管理家庭，我們都需要專案管理能力。什麼叫專案管理？即處理一個專案，涉及成本、專案目標、週期、合作方等因素，推進項目運行；然後還需要處理各種突發事件；尤其是在管理一個企業時，很多時候你管的不是這個項目，而是項目裡的人——帶領項目的領導，看他（她）是不是訓練有素、是不是能夠協調下屬、有沒有為團隊設立一個良好的標準等。

我認為一個人如果能做到企業強人的位置，管理十百或幾百人的公司，甚至能管理上千人或者上萬人，從這個層面來看，他（她）管理家庭其實是縮小了工作中的管理規模，管理的人、專案和金額都縮小了，而且沒有那麼多的決策方，所以理論上處理家庭中的千頭萬緒，不會比管理企業更多。

強人是什麼都強的，如果一個人生來是女性，她能把事業做得很好，家庭卻做得很爛的話，就不是真正的強人。

真正的強人具備什麼強素質？強人的選擇能力強，時間分配能力也強。如果只在事業上是強人，但是分配不好時間、協調不好家庭事業，忙得團團轉，按下葫蘆浮起瓢，就還不是一個強人。

回到選擇的問題上。全職太太或職業婦女這兩種生活，是由其所處的環境、外部條件和內部條件共同決定的，任何事情不是我們心裡想到就能成的。

我說一下我是怎麼思考的。首先應該考慮的是，作為全職太太需要什麼環境？我認為涉及兩種條件：外部條件和內部條件。

既然談到全職太太，那就屬於婚姻問題。第一個外部條件，叫作伴侶的觀點。你的人生伴侶在你選擇做全職太太後，是否認可你的價值？這個價值指你在單位時間內付出的家庭勞動成本，包括付出的時間、做的家務量、照顧孩子和打點家裡的一切。你的伴侶是否認可你創造的價值？他認為這個價值在多大程度上與其他社會價值等量？這種支持不是隨便說說的，如果你們夫妻之間的關係足夠理性的話，我建議兩個人要達成一種協定，無論以什麼樣的方式。協商的優點是當他在經濟上或者未來一旦出現什麼問題時，能夠認可你創造的價值。如果沒有協定，最好達成共識。這個共識不是說兩個人聊天就能得到，你一定要觀察他的真實動作，在這個過程裡他對你所有這些行為付出的尊重、認可，是他真實的態度。這要具體問題具體分析。這個外部條件對每個人而言區別會特別大。

再來看第二個外部條件。我必須說，中國現階段的婚姻法幾乎「不鼓勵」全職太太。這個「不鼓勵」是指，假設你離婚，依據婚姻法你不能夠得到你期望的認可和承認、財產分配的問題也許會於你不利。這很殘酷，但大家需要從這個角度練習思考問題。做任何一件事，要做最壞的打算，結婚就有可能離婚，每個人都有一半可能會碰上。選擇全職太太還需要有基礎的內部條件，是什麼呢？就是你本人能保持經濟獨立，你有一些技能做全職太太。這不是想選就能選的。比如你想做一個職業婦女，前提是你要找到一個工作，或者做自由工作者，或者創業，你為社會創造的價值能夠兌換真金白銀，這個叫作內部條件。不是所有人想做職業婦女就能做到，也不是所有人想做全職太太就能做到。比如我，如果我真的選擇做全職太太，我從心理上到技能上可能都無法勝任，這不是主觀情感的結果，它是內部條件。什麼技能支撐什麼結果。

一個女性的安全感的達成分為三個層次。一部分叫自我安全保障體系，往上一部分叫家庭安全保障體系，再往上叫社會安全保障體系。

社會安全保障體系是指公共社會為個體提供的各種保障，比如「五險一金」。在走入社會、沒有找到一份工作之前，家庭安全保障體系是父母給的支撐。為什麼工作後家裡人催你結婚呢？他們希望你的家庭安全保障體系有一個接力棒，這個任務是由誰來完成呢？你的男朋友、你的老公。因為習慣了家庭安全保障體系，所以我們在成長中往往忘了重要的一點（這一點通常是男性一直被教育的），就是要早日建立自我安全保障體系。無論你是全職太太還是職業婦女，都該建立自我安全保障體系，因為你生而為人，生活在這個世界上，理應增加知識、為社會創造價值。如果你去工作，在工作中升職加薪，這都屬於自我安全保障體系的範疇。即使做了全職太太，也要用在家庭中的工作兌現自我安全保障體系。

對於我自己，由於我體認到不能只依靠我們國家的婚姻法保障自己的經濟權益，我的性格和內部條件又能夠支撐我做一個獨立女性，所以我選擇成為職業婦女，沒有選擇做全職太太，這是非常個體化的決定。關於這個問題，你要參考自己的外部條件和內部條件，然後把安全感的層次拆分，看你能匹配到哪一個，最後做出選擇。

附錄一

二〇一六年至二〇一八年效率手冊前言

・神秘的二〇一六年

當我還是個小女孩時，
（When I was just a little girl，）
我問我的媽媽，將來我會變成什麼樣子呢？
（I asked my mother，what will I be ？）
我是否會變得美麗，我是否會變得更富有？
（Will I be pretty ？Will I be rich ？）

——《擒凶記》電影插曲（Que Sera Sera）

在我做公關公司的頭幾年，先後有三個客戶要求拿我的生辰八字去請「大師」推算是否「和財」，我雖然不太理解，但是為了訂單，都滿懷希望地提供了日期，還特意向我媽問了時辰。

有意思的是，三個客戶都帶回了一樣的資訊——他們在聊完和財結果後，會加上差不多的一句話：「大師說，你會起一個大運，挺大的，從二〇一六年開始。」

第一次聽，我笑一下過去了；第二次聽，心想，咦，怎麼他也這麼說；等到連第三個人也言之鑿鑿，提到同樣的年分，我開始希望二〇一六年的大運是真的。

因此，大概從二〇〇六年開始，我就默默期待二〇一六年的到來，但不好意思對外人說。因為我是一個抱持唯物主義認知長大的人，信天賦、信努力、信時間累積的力量，知道「我命由我不由天」，一直沒敢信過命運。除了電影裡的大神先知和玄學的小道消息，我也沒見過用科學論證算命可以預言任何人與事的發展。對於二〇一六年，我真正確信的一點是，人與事發展到那一年，一切肯定都會「不一樣」，但我又無法知道，到底以什麼方式呈現出多麼巨大的「不一樣」，才算是「起大運」！

更重要的是，我特別好奇，如果從二〇一六年倒推到此刻，我到底需要在什麼方向做出什麼樣的準備，才能讓人生階段醞釀出「大運」。比如寫東西的時候，我會猜測難道作品會變得很紅？公司團隊開會，我會猜測難道下一年的銷量會增長十倍？給效率手冊挑選顏色，我會猜測難道手冊會變成知名文創品牌？每一個方向好像都在閃閃發亮、猜測未來，成為一個很好玩、很神秘的遊戲。

在這將信將疑的十年中，每到一年結束，我都會刻意計算距離二〇一六年還有多久；每當新一年開始，我也都會想著二〇一六年許願：「我會用好自己的天賦，我會努力的，請給我努力之後的運氣。」就像神秘的二〇一六年一樣，運氣應該是天賦和努力條件同時具備時才會掉的餡餅。人們一直在試圖為福禍和功名利祿找答案，我知道，大部分的答案始終在自己身上。只有做好今天的功課，才有資格陷入對未來無限狂野的想像之中。

我不知道大運到底會不會來，但二〇一六年讓完全不可知的未來有了一個精確具體的時間節點。有了節點，我就可以從等待它發生，變為儘量創造條件讓它限時發生。就這樣，在二〇一六年到來之前的每一年、每一月、每一天，我都在效率手冊裡計畫未發生、記錄已發生，不停地做功課，然後想像，再做功課、再想像，等時間去兌現下過的訂單。

現在，二〇一六年就在眼前了，我有點兒害怕，有點兒激動。因為我想像過太多次二〇一六年世界的樣子、我生活的城市的樣子、我周圍的人們、我的事業與家庭，我的想像甚至具體到房間的布局和大家暢飲的樣子，所以我怕不能實現，怕超乎想像的實現。

來吧，二〇一六年！十年過去，十本效率手冊被用完，我已做好準備。就是現在，就在這三百六十五天裡，謎底一定會揭開。

一切就像是電影（二〇一七年）

應該怎樣看待這本手冊——三百六十五天，三百八十四頁，歐維絲本白八十克紙張。

你覺得沒有什麼不同，即使你將它寫滿用完，不過是多了一年故事。但在每年的開端與結尾，你也會困惑，為什麼別人的故事總是很精彩，像在電影裡。如果這是一本按時間推進的空白電影劇本，作為主角本人，你可能需要先了解令一部電影精彩的原因，並嘗試回答以下問題：

故事裡的主角是誰？他想要什麼？為什麼想要？他將採用怎麼樣的方法得到他想要的東西？什麼將阻止他？什麼會令他瘋狂？什麼會令他絕望？可能發生在主角身上的最好的事情是什麼？在什麼條件下它會變成最壞的事情？

在精彩的電影裡，主角總是清楚地知道：我是誰，我正在做什麼事，我要用何種方法在何時完成。那麼，作為二〇一七年電影裡的主角，你是否已確定以上問題的答案，並判斷出你是想要一部精彩的還是平庸的電影。如果你想要平庸的，那麼你不需要這個手冊；如果你想要精彩的，請深吸一口氣，你現在已經是這部電影的主角了。接下來在全年構建劇情的過程中，你需要確定幾個概念：

1. 如果沒有衝突，故事中的一切都不能向前發展。溫和的行動不可能帶來精彩。主角需要開展第一次行動、第二次行動，緊接著是第三次。每到一個轉捩點，主角必須將更大的能力和努力傾注到他的下一步行動中。

2. 主角可以得到他想要的東西，也可以失敗，但是在過程中，他必須一直在追求，他的能力在增加，他在迎來機會。他保持希望到故事線索的終點。好故事總在展現那奇妙的能量蓄積的過程，猶如波濤洶湧，直到終場。

3. 主角可能長期處於緊張、極限、危險、搖擺不定的狀態，在過程中即使有勝利的小憩，但馬上會被新的不確定所代替。精彩意味著有糾葛、危機、高潮、結局，主角為了抵達目標，總是在被推向越來越大的風險。

4. 一部故事片電影的場景在五十個左右，而一年有五十二週。這意味著每週大概有一個場景中的人與事可以用來構建推進。是推進，而不是重複。每一個場景的意義，在於指向主角的欲望。在這部為期一年的電影劇本裡，我們用靈魂、肉體、金錢把所有的欲望做了最直接的分類，它們就像是劇本的大綱。

要知道，群眾演員中的大多數人都在浪費他們的寶貴時間，死的時候都帶著一種未嘗夙願的遺憾。好電影沒有「尿點」，好人生也是。

願你的二〇一七年就像是一部電影，甚至比電影還要精彩。

‧時光簡史（二〇一一八年）

二〇一一年一個秋天的下午，我在一張白紙上畫了幾條線，嘗試描繪理想筆記本裡分類和表格的樣子。我以為那是人生裡平凡的一天。

很多事情的開始都是這樣，偶然的發生，然後以意想不到的方式綿延起來，直到多年以後，你才會認出，哪一刻你走入了變化之門。

我希望把它講成一個童話：一個人放了張紙到一個大機器裡，關上艙門，按下按鈕定時七年，神奇的光線一閃，轟轟隆隆。七年後再打開機器，她邁進艙門，仰頭看到倉庫高大，一張紙已變成一個文創品牌，無數顏色和種類的手冊擺放整齊，貨架多得望不到邊。

但現實中，是我和那張紙一起進了艙門。在那艙門後面，我和它經歷了一切，我讓那張紙變成《趁早效率手冊》，我又用手冊計畫和記錄了一切——所有的一切。

七本《趁早效率手冊》，包含我七年來全部的野心和細節。我擁有一整套時光簡史，曾經我一小時一小時地期待，有的兌現，有的落空，重要的早已不重要，激動和難過都歸於平靜。尤其是，當我想起某天的某個里程碑時刻，再翻開手冊往回看時，從記錄裡看上去，那天依然是平凡的一天。那天之前和之後，就更加平凡，可以說是漫長而平凡，時間裡的我們簡直渺小如草芥。

每個人的時光簡史和恢宏的人類歷史是一樣的——每當回顧時，歷史只告訴我們極少數人做過什麼，而絕大多數人只是一直在不停地挑水耕田。當你回顧你的時光簡史時，也許只能記得光輝或落敗的時刻，而沉默日子裡的你，都在不停地挑水耕田。日復一日，勞作的你餵養著休憩的你，無數個日子裡卑微的你目送著英雄的你遠去。

唯有時間，

唯有時間解放你、接受你、安撫你，讓你綻放。唯有時間帶來的洪流，可以衝擊你，影響你，鼓勵你，推動你，讓你獨一無二。

當趁早團隊在慶祝趁早品牌誕生的第七年時，我再次慶幸，我用手冊計畫和記錄了這一切。

今天又是平凡的一天，請翻開手冊，按下時間按鈕，打開那扇艙門走進去。

你自己最珍貴，你唯一的一生最不可辜負。

附錄二

《趁早效率手冊》使用方法

很多人可能會覺得《趁早效率手冊》就是一個普通的本子，但是我想提出我的觀點：《趁早效率手冊》不是一個普通的本子，它是一個人生管理工具。

趁早一直強調內容。事實上，內容也是我們區別於傳統文創行業的核心競爭力。趁早文創的定位，是提供某個特定場景下的解決方案，是未來的加速器。如果不能充分理解和挖掘到這一點，用起來可能會錯過很多樂趣。

以厚本為例，三百六十五天，三百八十四頁，八十克的用紙。為什麼這樣設計？

人生應該是一個好故事。一個好的故事片，場景有五十個左右，而一年有五十二週，這意味著每週大概有一個場景中的人與事可以用來構建、推進。是推進，而不是重複。每一個場景的意義，在於指向主角人物的欲望。在這部為期一年的電影劇本裡，我們用靈魂、肉體、金錢把所有的欲望做了最直接的分類，它們就像是劇本的大綱。

在八十三％的常規頁面中，我們寫下的每一個數字、文字，就是我們的劇本，沒有暫停，沒有重播，落子無悔。

帶著這種對生命的敬畏、對時間強烈的責任感和使命感，我和趁早團隊將極致的效能管理思路具化到每一天的頁面設計中。那麼，如何使用月計畫頁、常規頁，來把自我升級為一個行動的自我呢？接下來我將為大家講解，看起來普通、實際上卻充滿玄機的內頁使用方法。

月計畫頁

在《趁早效率手冊》的「每月計畫」裡，你可以找到有關「靈魂、肉體、金錢」的內容。這些都是趁早精神的體現。如果你想要淋漓的一年，需從這三方面做出改變。這樣，你的生活品質和人生的質感才能達到標準。

・靈魂

靈魂生活的三個重要組成部分：學習、興趣和重要的人。

——學習

學習的第一部分是確定我們到底要去哪裡、想要成為什麼樣子的人。你要學習以什麼為生，透過學習滿足自己的生存目標，了解後就請寫下來，用篤定的態度，白紙黑字地寫下你的計畫。微小積累，持續改變。你可以以一年為期限，切割目標，將目標細化到半年、每月、每天，逐一學習攻克，最終達成目標。學習的第二部分是明確差異化優勢，學習了解自己有別於他人的「長板」。第三部分是縮小差異化的劣勢，透過測量自己的能力版圖，了解自己哪些地方明顯比別人差，微小積累、持續改變，然後儘量補齊自己的短板。

——興趣

興趣是靈魂的重要組成部分，是一個人真正的情懷。你可以在學習之餘提升這些技能素養。培養自己哪些興趣，你就會成為那一種人。你可以透過兩個方式找到興趣。一是心流。高度集中後，你的呼吸、脈搏、心臟等都會進入一種特別和諧專注的狀態。心流也是在這本書裡我不厭其煩說到的部分，如果體驗不到心流，這些工具對你來說就只剩痛苦的堅持和努力。二是要去體驗嘗試。只有你不斷嘗試，才知道哪些活法值得你去活，你才能發現其中的意義。

——最重要的人

第一個重要的人就是榜樣——可以是認識的人也可以是不認識的人。但重點是可執行性，無論他們是什麼年代的人，他們的成長歷程、遇事的思考方法和行為準則要能夠照耀、啟迪你。尋找榜樣可以看人物傳記。榜樣常伴左右，當遇到困惑後，提醒自己嘗試「榜樣上身法」：想像我現在不是我，而是我的那個榜樣，想像榜樣會怎麼做、會怎麼面對、會如何解決問題。

與此同時，我們要警惕身邊人。警惕身邊人對我們的潛移默化。從眾心理帶來的安全感會影響你。這個時候你要警醒自己，你就是你自己，而不是他們。

・肉體

肉體很容易理解，健身、目標體重、身材、飲食、保養等都包含在內。值得肯定的是，靈魂比肉體更重要，因為所有人都有一個好看或不好看、在意或不在意的肉體，可是靈魂不是每個人都擁有的。肉體是可以後天塑造的。要堅信自我暗示，去渴望和追求，然後設定目標去實現自己的渴望和追求。方法是你可以在一段時間內保養鍛鍊一個身體部位，重複去做然後養成習慣，去觀察發生的改變，最後你就會熱衷於這件事。具體操作可以參考本書第七章。

・金錢

年輕的時候人們都會對物質有欲望。你可以都寫在「欲望清單」上，你的渴望非常合理，這是你人生的一部分，是你的經歷，是時間和腦力的呈現。即使在十年或二十年以後，這些物質需求對你都不再重要了，但是現在要先拿起來，以後可以再放下。買這些東西的要求是，要追求物質的質感和精良，不可以因為別人都買而買，不可以因為打折而買，只因為你認為你應該和你選的物品在一起而買。人格獨立重要的基礎就是財務獨立，自己做自己的CEO（執行長），自己做財務規劃，包括收入預算、支出預算和現金流管理。你會發現當你可以掌控和預測生活的時候，是人生最好的時候。

常規頁

在週一到週五的常規頁面中，從上到下，可以分為三部分：Morning（早上）、Routine（日常）和Evening（晚上）。

首尾 Morning 和 Evening

趁早相信，每天的清晨和傍晚是絕大多數人的自由支配時間，這兩段時間如果沒有約束，那麼它們有很大的可能會被浪費在冗餘的睡眠、無盡的看劇和遊戲等這一類沒有長期價值的事情上。

趁早重視對早晚時間的利用，因此在常規頁的設計中，我們特意規劃出清晨和傍晚兩個區塊。不要糊里糊塗地錯過這兩段時間。用多出來的時間，去做重要但不緊急的事、那些擁有高收益的事情，如閱讀、寫作、鍛鍊、學習等。你的智識、你的外表、你的人際、你的收入、你的體驗，都是由這些事情組成的。

一般來說，週一到週五的上午九點到下午六點，是人們工作生活的高峰時間，占據整個人生的三分之一。

七年來，趁早團隊從各種管道收到過上萬個使用者對產品的評價和回饋。經過我們的分類和整理，「趁早星人」基本分為四種類型。在探索出自己的使用習慣之前，建議大家可以先了解並掌握這四種基本類型，然後做出自己的選擇。

第一種類型是線性時間型。通常線性時間型的使用者會在手冊上畫出自己的時間軸。《趁早效率手冊》之所以沒有固定的時間軸，是因為這只是其中一種使用方法。

這種類型的「趁早星人」，他們的使用邏輯非常簡單，特點是完全按照時間順序書寫。比如，你可以從早上六點起床晨練，到八點上班，一直記錄到晚上洗漱睡覺，仔細地記錄著每一筆時間的支出流水。這種記錄方式非常簡單，能夠一目了然地找到自己的時間黑洞。我建議，如果你是一名剛剛選擇使用《趁早效率手冊》的小白，可以先嘗試用這種辦法來培養習慣。

第一階段是適應期，你會遇到很大的阻力。因為你的大腦很懶惰，它命令你遵循舊有的行為模式。因此我建議，適應期就記錄時間流水。把每天發生的事情，事無巨細地記錄下來。你很可能會產生一種生無可戀的情緒，猛然發現自己竟然有那麼多時間沒有貢獻什麼價值增量。

肉體

■ **健身** 定製一個未來的自己，然後實現它，沒有什麼成績可以比得上這個。

目標體重 ____________ 目標腰圍 ____________

■ **飲食**

■ **養護**

金錢

本月欲望清單	總收入：	總支出：
☐		健康
☐		旅行
☐		娛樂
☐		教育
☐		置裝

September

上月總結

靈魂

■ **學習** 風起雲湧的世界，從不等待猶豫不決的人。

《醉酒的植物學家—創造了世界名酒的植物》〔美〕艾米．斯圖爾特／《蔣勳說文學》蔣勳

大同趁早讀書會、青島趁早讀書會推薦

■ **興趣** 我沒有其他的立足點，只有現在。現在有現在的興趣、專業水準、創業土壤、動手時機。現在，我就該努力。

■ **重要的人**

《趁早效率手冊》常規頁

形成習慣之後，你可以進入第二階段，主動出擊。你此時已經對自己大部分的時間分配、浪費的時間都有把握了，開始知道自己可以用什麼時間做什麼事情。你可以提前規劃好第二天的計畫，再嘗試擴大範圍，提前一週、一個月、一年。當你擁有能夠做年度計畫並有了能落地實現它的能力後，我建議你就可以應用接下來的第二種使用方法。

第二種類型是優先順序型。使用這種類型的「趁早星人」，特點是已經有非常明確、一致性的價值觀，永遠知道自己想要什麼、下一步要做什麼。這裡有兩種優先順序排序方法。

第一種，是按照事情的重要程度來排，重要的事情寫在前面，次重要的事情寫在後面，依次類推。

第二種，是按照時間的緊急程度來排，看截止時間，馬上到截止期的排在前面，而不太緊急的排在後面。

需要注意的是，使用這種方法管理時間，可能會帶來馬太效應：強者愈強，弱者愈弱。優先順序永遠排在後面的事情，就會變成你的短板。當然，這是你選擇的結果，你不會後悔，也從來不會在意。

第三種類型是四象限型。這其實是第二種的進一步演化。四象限型在時間管理領域的歷史源遠流長，非常容易上手。

當我們去評價一件事情值不值得做，應該花多少時間成本、精力成本去做的時候，完全可以結合兩個不同的角度來評估。常見的兩個角度就是重要性和緊急性。

重要性，評估的是這件事情對人生的價值增量。緊急性，評估的是這件事情對人生影響的有效時長。這兩個面向相互垂直交叉，就形成了我們常見的四象限圖。如果你喜歡並且擅長四象限的四分邏輯，就可以在這個空間內畫上兩條線，然後逐一將生活、學習和工作中的所有事情，分別放在四個象限內。

第四種類型是垂直細分型。這種類型的策略是，並不是公平對待所有的事項，而是在短期時間內，鎖定三到四個目標。這裡所說的目標，大多是一些臨時性、階段性、需要集中火力去攻克的事情。比較常見的是以三個月、一百天為週期。

你可以透過分隔線分割區域，在每個區域下再次排列優先順序。我喜歡使用這個方法，可以更直觀地幫助自己，同時推進各個領域的進程以達到目標，多線程工作，多線程執行。這個方法的利用率很高。

二〇一五年，有三個月是我人生中最忙、魔鬼訓練般的時期，我要寫新書《按自己的意願過一生》，要融資，要裝修新的辦公室。三個目標又不在同一個領域，我就是使用這種方法管理、推進、完成目標的。

這個方法非常利於切分、設定小目標，有了小目標，你看待每個小時的眼光將會截然不同，你將會得到一個更為可信的目標執行方案。這個方法使用範圍很廣，幾乎適用於一切領域。對於初學者，我往往會推薦他把這個方法應用在學習一門新的語言上。經過短期而持續的執行，相信你一定能得到計畫中的一切。

・週末頁

如果你從週一到週五，擁有飽滿而豐富的五天，在週末就可以兌換四十八小時的自由時間。一般來說，週末的生活密度往往會低於日常工作日，所以趁早在週末不打算用更多的線條局限大家的發揮，而是選擇用儘量多的空白，邀請大家去填寫生活的浩瀚和豐厚。

2018 March

1 Thursday
农历正月十四
星期四

- [ ] 6:00-6:30 核心锻炼
- [ ] 6:30-7:00 洗漱+面膜
- [ ] 7:00-8:00 早饭(咖啡+鸡蛋)

8:00-9:00 上班+阅读
9:00-9:15 早会确认 ①新书进度
②五月新品
9:15-9:30 微博 update
9:30-10:40 马甲线大赛策划
10:40-12:00 产品校对
12:00-13:00 午休
13:00-14:30 新书的配图
14:30-16:00 选题会
16:00-18:00 准备新品的文案
18:00-20:00 晚饭 with 蔬果、
20:00-21:30 美剧 Grey's Anatomy
21:30-22:00 给妈妈电话
22:00-23:00 洗漱睡觉

2 Friday
农历正月十五
元宵节 星期五

如果你想要日常的快乐，快乐就在每个当下细微行动的达成里。

- [ ]
- [ ]
- [ ]

線性時間型

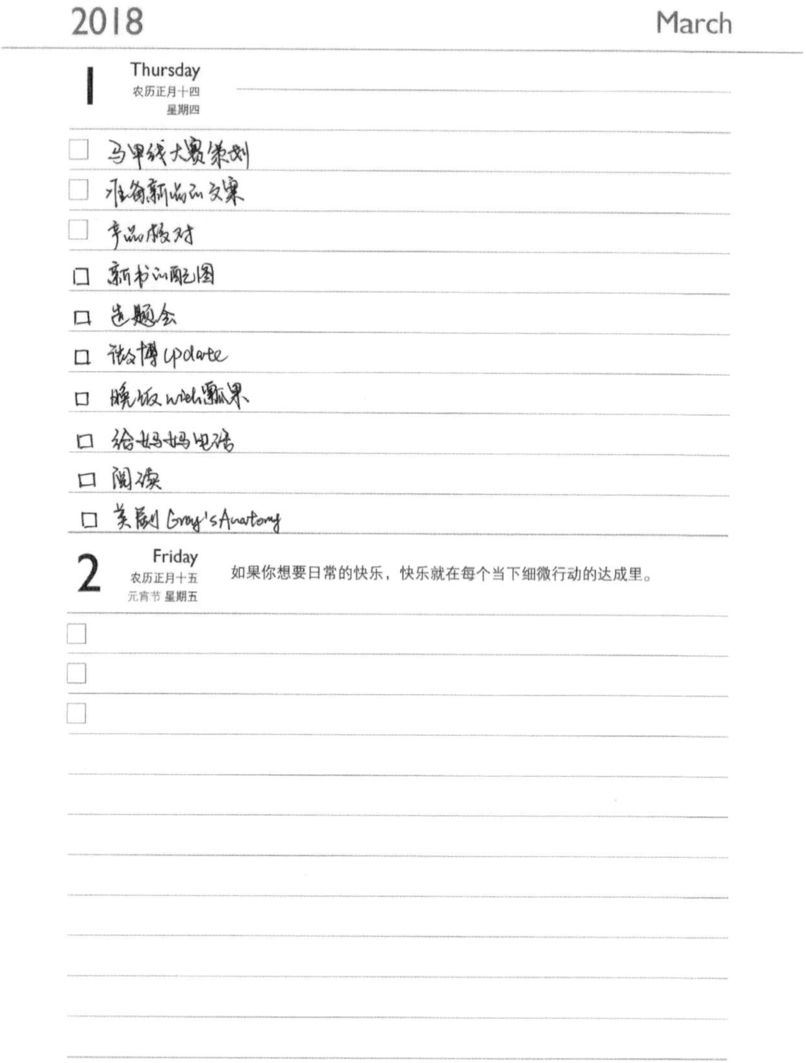

優先順序型一：按事情的重要程度排序

優先順序型二：按事情的緊急程度排序

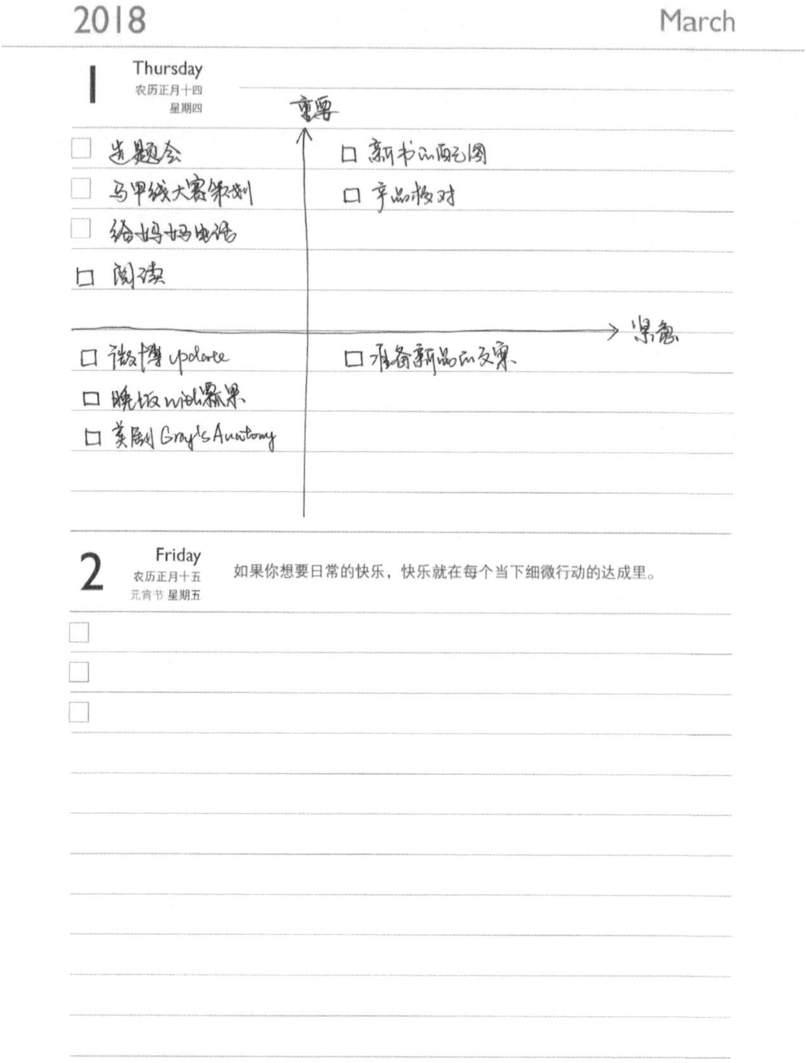
2018
March
1 Thursday
农历正月十四
星期四
重要
选题会
马甲线大赛策划
给妈妈电话
阅读
新书的配图
产品校对
紧急
微博 update
准备新品的文案
美剧 Gray's Anatomy
2 Friday
农历正月十五
元宵节 星期五
如果你想要日常的快乐，快乐就在每个当下细微行动的达成里。

四象限型

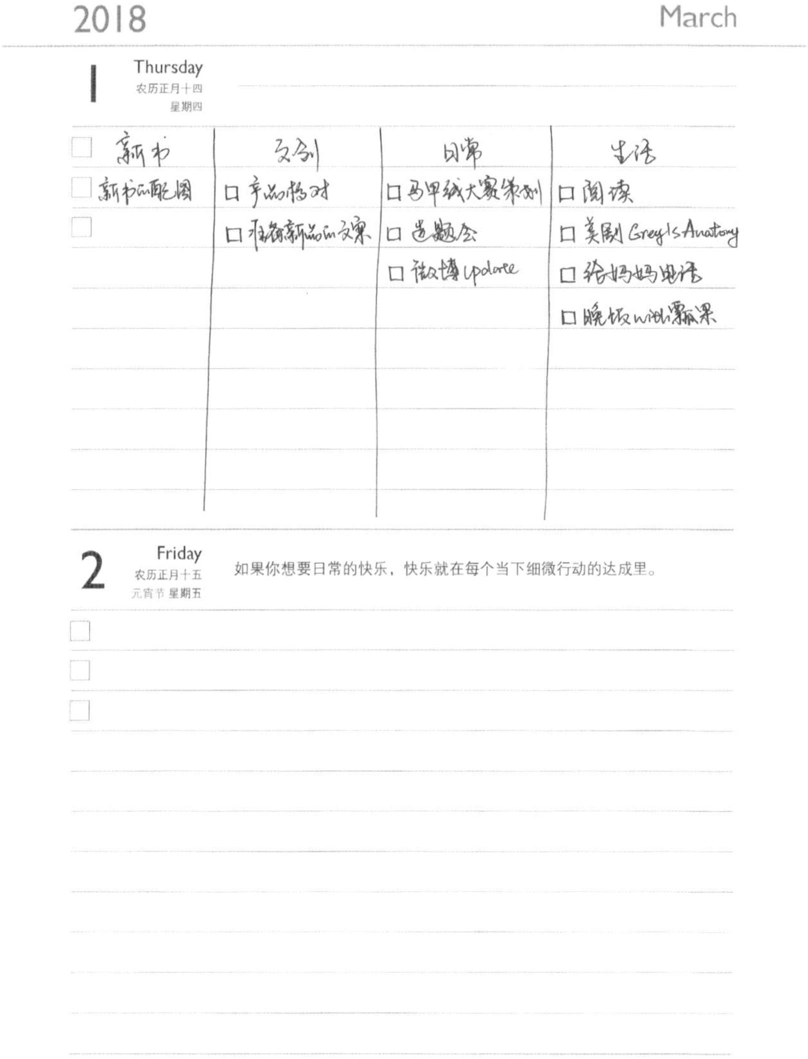
2018
March
1 Thursday
农历正月十四
星期四
新书
文案
日常
生活
新书的配图
产品校对
准备新品的文案
马甲线大赛策划
选题会
微博update
阅读
美剧 Grey's Anatomy
给妈妈电话
2 Friday
农历正月十五
元宵节 星期五
如果你想要日常的快乐，快乐就在每个当下细微行动的达成里。

垂直細分型

2018 2月

23 Friday
农历正月初八
星期五

之前的一切积累，都是为了做选择，以及做一系列选择。

- [ ]
- [ ]
- [ ]

24 Saturday
农历正月初九
星期六

- [ ] 12:30 聚餐
- [ ] 取干洗的衣服

週末頁

這是我的設計思路。從週一到週五，我們已經這麼努力，所有時間都被占滿了，不就是為了擁有更多的自由？不做不想做的事情，不見不想見的人，不去不想去的地方。我的建議是，去狂野想像。

如果你意識到，有好一陣子，你的週末是兩片空白，那麼我可以負責任地提醒你：你浪費了太多生命。家庭、旅行、美食、閱讀、藝術等，這些都是可以填滿週末自由時光的選項。一個有趣的人、有靈魂的人，要在週末做很多事情。如果你不知道做什麼，不知道別人的活法，不知道這個世界到底有多少值得參與的事情，歡迎下載趁早 App，因為這裡發布了很多人的活法。

從二〇一一年那個秋天的下午至今，七本《趁早效率手冊》，關乎我七年來全部的野心和細節。我擁有一整套時光簡史，曾經一小時、一小時的期待，有的兌現、有的落空，重要的早已不重要，激動和難過都已歸於平靜。

趁早，它首先是一個動詞，在二〇一三年被註冊變成品牌名。然後它變成了一種生活方式，變成了一類人的統稱。《趁早效率手冊》變成了收集時間和規劃生命的一種方式。A5 尺寸的本子很小，卻累積裝載著超過六十萬人的人生。

如果說使用效率手冊手寫記錄是一種古典的、篤定的精神，那麼趁早 App 的誕生就是一種屬於二十一世紀互聯網時代的進化。二〇一七年一月，趁早團隊正式發布了趁早 App。它是完全符合「趁早星人」行為特點的一個產物。

還記得我曾經說過，聚集在趁早的所有人，大家會做三件事情，分別是講故事、做計畫、打卡。行進在成為極少數人的路上是一件非常孤獨的事情，但是幸好，我透過我的書、我的故事找到了大家，大家透過社群讀書會又找到了彼此，現在我們又能在線上的趁早 App 找到大量的榜樣以及前進的方向。

這是屬於「趁早星人」的一次集體進化。

我們一直在用雷達洞察和捕捉大家的需求，感知大家的回饋，挖掘更多的產品功能。趁早團隊始終在尋找典型用戶的需求描述，挖掘更多產品功能，讓趁早 App 和文創產品能夠有機結合。現在大家能夠在 App 上找到很多關於習慣養成、學習成長類的內容，這些都經過慎重的考慮與設計。

後記

命運有些隨機，但命運在揀選

「我要扼住命運的喉嚨！」

「命運給我什麼，我就接受什麼。」

一直以來，我總是反覆聽到以上兩種觀點。一種人相信人生可以透過執行計畫過得更好，理想生活裡各部分都可以找方法達標；另一種人認為這樣的人生太累太苦，如果沒有運氣與大勢，努力也是徒勞，不如走哪算哪，與世無爭。無論哪種，都有各自陣營，各有一套老生常談的方法論，分別可根據關鍵字搜索到不止十萬篇文章。

第一種人的關鍵字經常叫作「自律」，第二種人叫作「階層板結」（意指階層固化，不流動）。好像還有第三種人，在順境時意氣風發地是第一種人，一旦經歷挫折又自動進入第二種人的狀態，將信將疑、走走停停。

一開始，我很懵懂，但我願意選擇相信第一種觀點，因為第一種觀點讓人覺得能做點什麼，畢竟日子在往前過，跑一段看看能到哪裡也不錯。當然過程裡充滿小失敗，但也有小成功，這些小成功讓我想繼續印證到底什麼是讓願望實現的定律。久而久之，我徹底成為第一種人。

透過觀察親朋好友，我也發現了一個顯而易見的現象——以十年為期，越是相信人生可以塑造的人，都不同程度地按各自理想抵達了新的人生，從肉身到格局，有的人簡直脫胎換骨；認同隨遇而安的人，也並沒有真的都維持在原狀，大多在全無準備的情況下被命運的大手指派了新的角色。隨遇而安是美好願望，但隨著境遇變化，狀態不總是安寧的，也有被動選擇的不情願。時代奔騰像逆水行舟，人與事都不存在原地不動。

你會看到，求仁得仁，你相信什麼，你最終就得到了什麼。我是指真正相信。

當你真正相信的時候，你的認知會滲透進一切行為，行為會隨之改變，這就是執行。當你執行的時候，你已在推動命運的齒輪，改變了它轉動的節奏；當你目標明確，你已在給命運之車施以新的外力，也許最初是微小的、不易察覺的，但隨歲月流逝，你最終改變了它的方向。

這本書，寫給那些依然相信的人們，也寫給那些遇到阻礙和失敗後將信將疑的人們。是的，我堅定地相信，人生當然可以計畫，願望也可以漸次實現，但絕不是只有「努力」、「自律」和「時間管理」這麼簡單。階層在人類生活中一直都存在，也一直在流動，但這本書所探討的事比如何做到階層向上流動要廣闊。

在過去的七年中，我將所有達成所願的規律歸納為各種步驟，又把步驟製成表格。這些表格覆蓋各種人生場景，印刷在紙張上，變成了一個文創品牌。在這本書裡，我寫了很多使用表格之前的準備工作，因為「努力」和「自律」只是其中的重要步驟，而「時間管理」則屬於另外一個步驟，所有步驟組成了一個有機的系統。第一步和第二步，是非常必要的準備工作和認知儲備。進入步驟時的認知基礎相當關鍵，如果不懷著勇氣、好奇心和極大的熱情，不打算展開整個命運地圖向下俯瞰，不準備打通全部關卡，那麼循著慣性轉動的努力和自律就沒有意義。很多人的問題，是直接把努力和自律當成全部，戰術勤奮其實是一種隱蔽的懶惰。

即使當你認真讀過書裡的每一個步驟並努力把方法應用於現實生活中，你還是會常常問起那個永恆的問題：到底有沒有命運？我到底能改變命運到什麼程度？

最終的命運，都指向肉體死亡，在那之前，你可能既無法像天才一樣扼住它的喉嚨，也無法全然接受它給你的一切。即使你曾想過隨遇而安，你也會抗拒命運中那些壞的部分。既然最終的命運都是肉體的死亡，我們共同的敵人就不再是命運，而是在有限人生裡意義缺失的虛無和對一成不變的厭倦。既然我們不能決定生死，生死就都不是大事，盡興活著才是。

如果有命運，命運的面貌也許是一個擲骰子的考官。命運有些隨機，但命運在揀選。

同謀與繆斯

感謝我的媽媽，在我十歲的時候送給我人生第一本效率手冊。

感謝趁早團隊的蔣哥，為趁早文創產品的工藝升級和產品品質提升所做的一切努力。

感謝趁早團隊的Alex、BB、Sadie、瓢果、明玉、塔塔、蓓佳，他們參與設計的主題手冊，讓文創產品日臻豐富。

感謝趁早電商團隊的飛飛及所有客服小夥伴，感謝他們在第一線為所有用戶傳遞趁早的方法和工具。

感謝手帳之神的獲獎者高璐、Monica、Amber、Doria、夢小然，他們的奇思妙想描繪了趁早文創更多的想像力。

感謝所有參與有生之年建議徵集活動的使用者，是大家的支持與建議，讓效率手冊越來越好用。

感謝四十五位有生之年終生會員，蔡顯彪Charlie、紀華、李瀟（式微式微）、廖銳、歐陽玉潔（Elle）、齊言楚羽、石琳、薛小妞在奔跑、尤金、張小瑄、陳小柒、董瀟逸、吉吉、李迪Jessie、王巧藝（花生）、王玉婷0319、楊書婷（Sylteen）、張華湖、張琰（冷公子）、趙曉蓮（elian水筆仔）、大平平啦啦啦、段宛露（段小本兒）、葛雅妮Wanderer、郭悅、賀瑩、馬雪梅、桑尼同學Sunny、王菁（巴斯光年jo）、謝宙彤、嫣靜然、楊帥、小丸子、Stephine、KK、唐瑤、孫璐璐、吳雙、沈燕婷、張沛琳、劉芳、王心甜、棒仔、袁曉宇、張靈迪、康卓，我們要一起穿過有生之年。感謝來自新加坡趁早讀書會的小雨，感謝她建立的手帳小行星，讓越來越多的手帳深度使用者找到彼此；感謝她在趁早手冊攻略計畫中梳理的、事無巨細的效率手冊使用方法，它適合每一個新手使用者。

感謝六百八十二個定制企業客戶，感謝大家的認同，將趁早傳播的思考方法帶給六百八十二個大大小小的團隊。這些客戶把我們傳播的思考方法帶給了這世界上六百八十二個大大小小的團隊。

感謝時間，讓我們有機會印證這一切。

有方之度 002

時間看得見
——————手帳天后「從這裡抵達夢想」的 8 條人生路徑

作者　王瀟｜**社長**　余宜芳｜**特約編輯**　李宜芬｜**封面暨內頁設計**　陳文德｜**出版者**　有方文化有限公司／23445 新北市永和區永和路 1 段 156 號 11 樓之 2　**電話**—(02)2366-0845　**傳真**—(02)2366-1623｜**總經銷**　時報文化出版企業股份有限公司／33343 桃園市龜山區萬壽路 2 段 351 號　**電話**—(02)2306-6842｜**印製**　中原造像股份有限公司——初版一刷 2018 年 12 月｜**定價**　新台幣 350 元｜
ISBN：978-986-96918-3-3

時間看得見 : 手帳天后「從這裡抵達夢想」的 8 條人生路徑 / 王瀟著 . -- 初版 . -- 新北市 : 有方文化 , 2018.12 ;
面；　公分　(有方之度 ; 2)

ISBN 978-986-96918-3-3（平裝）

1. 成功法　2. 自我實現

177.2　　107021620